魔法の暗記術！

ディズニー
映画で身につく
そのまま使える
英会話フレーズ

はじめに

　英語学習において、「単語や表現を覚えるステップ」は避けられません。ですが、覚えたはずの表現が頭に残りにくかったり、いざ会話で使おうとすると口から出てこなかったりする経験はないでしょうか？　本書は、そのような**「暗記に悩む学習者」のお悩みを解決する**ことを目的に作りました。

　英語表現を覚える際、ちょっとした工夫を施すだけで、頭への定着率はグンとアップします。本書では、僕自身が英語を学んできた経験、そして多くの学習者の方と時間を過ごしてきた経験から見いだした暗記のコツを、解説やコラムでたっぷりと紹介しています。これらのコツを実践することで、「いつもの暗記よりも頭に残りやすい！」と感じてもらえるはずです。

　「暗記のコツ」の例を挙げてみましょう。映画『リメンバー・ミー』に登場するway before（ずっと前に）という表現があります。多くの学習者は「way before＝ずっと前に」というように、英語表現と日本語訳を「1対1の対訳」として暗記するのではないでしょうか。でも、これでは頭に残りにくい上、実際の会話で使いこなすことは難しいでしょう。では、way beforeという表現を、映画のセリフの中で見てみたらどうでしょうか。

You see, that woman was my great-great-grandmother, Mamá Imelda. She died way before I was born.（ほら、あの女性こそが僕のひいひいおばあちゃん、ママ・イメルダ。僕が生まれるずっと前に亡くなった）

　今度は、way beforeの意味やニュアンスがスッと頭に入ってきたのではないでしょうか？　英語表現を暗記する上では、**①前後も含めて会話の流れで覚える、②実際に使う文の形で覚える**ことが、大事なコツとなります。さ

らに、暗記した表現を使って③**自分で文を作り、声に出して言ってみること**も重要です。こうした暗記のコツを、本書のいたる所にちりばめています。

　映画にはたくさんのセリフが登場しますが、本書では、「**本当に会話で使う表現**」だけを厳選しました。「正しい表現だけれど、実際の会話ではあまり使わない」というものは割愛しています。せっかく表現を暗記しても、使う機会がなければ意味がありません。皆さんには、「**ただ暗記するだけの英語学習**」から抜け出してほしいのです。

　僕、英語のそーたは、ディズニー映画をこよなく愛しています。幼少期からディズニー映画と共に過ごし、そこから多くのことを学びました。大のディズニーファンの1人として、ディズニーの世界観を大切にしながら、気持ちを込めて本書を作りました。この本に収録したのは、どれも観ていて心躍る名作ばかりです。**映画のシーンを思い浮かべながら英語表現に触れる**ことで、細かなニュアンスまで理解しやすく、記憶にも残りやすくなり、結果として実際の英会話で使いやすくなるでしょう。

　デザインも含めて全ページにこだわり、そーたのディズニー愛を詰め込みました。本書の制作中は、「ディズニーが持つ力強いコンテンツを生かしながら、英語学習者の悩みを解決するにはどうすればいいだろう？」と模索しながら走り続けました。本書が皆さんの英語学習に新しい価値をもたらすことができたなら、これほどうれしいことはありません。

留学はしなくても英語は絶対に話せる

英語のそーた

英会話フレーズが身につく 6つのポイント

1 必ず声に出して言ってみる！

映画の音声や本書の発音表記も参考に
フレーズを何度も声に出して言うことで、
記憶に残りやすくなります。

2 「暗記のコツ」を意識しながら覚える！

本書の解説やコラムで紹介している
「暗記のコツ」を意識することで、
フレーズがスッと頭に
入っていきます。

3 映画のシーンの画像と一緒に覚える！

本書には、フレーズが使われている
映画のシーン画像を豊富に掲載。
フレーズを画像と一緒に記憶すると
頭に残りやすいですよ。

そーたが教えます！

4

覚えたフレーズを使って
自分に合った英文を作ってみる！

覚えたフレーズを使って英文を作り、
声に出して言ったり
SNS で発信したりするうちに、
どんどん使いこなせるようになります。

5

実際の英会話で
使ってみる！

英語で話すチャンスが来たら、
覚えたフレーズを恥ずかしがらず
積極的に使いましょう。

6

本書以外の表現も
「暗記のコツ」を使って覚える！

本書で紹介する「暗記のコツ」は、
どんなフレーズにも応用可能。
映画や SNS、参考書などで目にしたフレーズを
どんどん覚えましょう。

本書の
How to use
使い方

本書は、ディズニー映画の世界に浸りながら
実際の場面で使える英会話フレーズを
楽しく学べる本です。
主に以下のように構成されています。

🔘 フレーズ紹介ページ

映画の作品ごとに、ぜひ覚えてほしい選りすぐりのフレーズを紹介しています。

タイムコード
「ディズニープラス」やDVDなど
で映画を視聴する際に、シーンの
目安となる時間を表示しています。

あらすじ
この場面の背景となるあらす
じを、簡単に紹介しています。

英会話フレーズ
映画のスクリプトと
訳を掲載。このシー
ンでぜひ覚えてほし
いフレーズを、大きく
目立たせています。

語注
わかりづらい単語や
表現、発音は語注で
チェックしましょう。

シーン画像
該当シーンの画像を
掲載。どんな場面で
使われたのかを理解
することで、フレー
ズが頭に残りやすく
なります。

解説
フレーズの意味や細
かなニュアンス、使
われる場面などを、
そーたが自身の経験
も踏まえながら丁寧
に解説します。

［コラム］フレーズが口から出やすくなるコツ

各作品の冒頭にあるコラムでは、フレーズを実際の会話で使えるように
なるためのコツをそーたが指南します。コツを意識しながらフレー
ズを学ぶことで、暗記しやすく、声に出しやすくなるはずです。

あらすじ＆キャラクター紹介＆そーたの想い

上記のコラムに続けて、作品全体のあらすじと主要なキャラクターを
紹介。未見の作品でも、フレーズの場面を理解しやすくなります。右ペー
ジでは、作品に対するそーたの熱い想いも掲載しています。

もくじ
Contents

Chapter 1

THE LITTLE MERMAID

リトル・マーメイド ……17

【フレーズが口から出やすくなるコツ①】
定番フレーズは理屈抜きで！ ……18
あらすじ＆キャラクター紹介 ……20
この作品に対するそーたの想い ……21

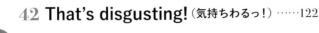

Chapter 4

MOANA

モアナと伝説の海……111

【フレーズが口から出やすくなるコツ④】
日本語訳と英語をガチガチに結ばない！ ……112

Chapter 5　　　　　　　　　　　　ZOOTOPIA

ズートピア……135

【フレーズが口から出やすくなるコツ⑤】
頭の中でフレーズに優先順位をつける！……136
あらすじ＆キャラクター紹介……138
この作品に対するそーたの想い……139

Chapter 8

THE LION KING

ライオン・キング ……223

【フレーズが口から出やすくなるコツ⑧】
覚えたフレーズは３回使う！ ……224
あらすじ＆キャラクター紹介 ……226
この作品に対するそーたの想い ……227

Chapter 9

リメンバー・ミー ……245

COCO

【フレーズが口から出やすくなるコツ⑨】
前置詞もセットで覚える！ ……246

あらすじ＆キャラクター紹介 ……248

この作品に対するそーたの想い ……249

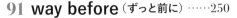

Chapter 10

TOY STORY

トイ・ストーリー ……285

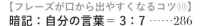

【フレーズが口から出やすくなるコツ⑩】
暗記：自分の言葉 ＝ 3：7 ……286

あらすじ＆キャラクター紹介 ……288

この作品に対するそーたの想い ……289

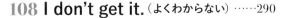

■ディズニープラスとは
Disney+（ディズニープラス）は、ディズニーがグローバルで展開
する定額制公式動画配信サービスです。ディズニー、ピクサー、
マーベル、スター・ウォーズ、ナショナルジオグラフィックの名作・
話題作に加え、スターブランドとして大人が楽しめるドラマや映
画も充実しています。ここでしか見られないオリジナル作品も続々
登場します。
©2023 Disney and its related entities

公式サイト：https://www.disneyplus.com/ja-jp
公式**Twitter**：@DisneyPlusJP　公式**Instagram**：@disneyplusjp
公式**facebook**：@DisneyPlusJP　公式**TikTok**：@disneyplusjp

※2023年9月22日現在の情報です。

［本書における表記］

★本書における日本語訳は、英語学習に役立つよう、なるべく原文に忠実な訳に
してあります。このため、ディズニープラスやDVDなどの日本語字幕と訳が異なる
場合がありますが、ご了承ください。

★本書におけるシナリオの英文は、英語学習に役立つよう、なるべく英語音声に
忠実に記載してあります。このため、ディズニープラスやDVDなどの英語字幕と若
干異なる場合がありますが、ご了承ください。

★各シーン冒頭に記載している映画の再生位置の目安は、ディズニープラスに準
拠の上、セリフと同じタイミングまたは少し早いタイミングに設定しています。DVDなどの形
式の違い、また再生機器の違いによって、再生位置が若干異なる場合があります。

★カタカナの発音表記は参考用です。

★本書は著作権の関係上、音声と動画は収録しておりません。ご了承ください。

Chapter 1

リトル・マーメイド

THE LITTLE MERMAID

『リトル・マーメイド』から、
日常会話で役立つフレーズを見ていきましょう。

フレーズが口から出やすくなるコツ①

定番フレーズは理屈抜きで！

　人に何かをもらったとき、「ありがとう！」と理屈抜きで言いますよね。母語である日本語で話すときは、「この場面＝この定番フレーズ」と決まっているはずです。英語も同じです。「こう来たらこう返す！」という定番フレーズを、理屈抜きでストックしておくことが大切なのです。

　プレゼントを渡すときはこのフレーズ、別れ際はこのフレーズ……と場面ごとの定番フレーズを用意していないと、いざというときにHmmm...（うーん）と詰まってしまいます。理屈抜きの定番フレーズを言えばいいだけの場面で詰まってしまうのは、もったいないですよね。

　また、フレーズを覚えるときは、必ずその場面をイメージトレーニングしながら声に出して言ってみましょう。頭でわかっていることと、実際に使えることとは違います。声に出していないと、実際の会話で口から出なかったり、かんでしまったりしますよ。次ページから出てくるフレーズも、これらの方法でインプットしていってくださいね。

海の王国アトランティカで暮らす人魚のアリエルは、
ある嵐の夜に人間のエリック王子を助けて恋に落ちます。
王子への恋心や地上へのあこがれを募らせるアリエルは、
魔女アースラと契約を結び、
美しい声と引き換えに人間の足を手に入れます。
声を失い、自分が命の恩人であることを明かせないまま
地上で王子と一緒に過ごすアリエル。
ところが、アースラはアリエルの声を利用し、
ヴァネッサと名乗ってエリック王子に近付きます。

キャラクター紹介

アリエル
Ariel

アトランティカの王
トリトンの末娘。好
奇心が強く、人間の
世界に興味津々

エリック
Eric

アリエルが一目ぼれ
した王子。自分を助
けてくれた美声の持
ち主を捜している

フランダー
Flounder

アリエルといつも一
緒にいる魚。少し臆
病だけど、どんなと
きもアリエルの味方

セバスチャン
Sebastian

宮廷音楽家のカニ。
アリエルのお世話係
として、小言を言い
ながらも面倒を見て
いる

トリトン
Triton

アトランティカの王
で、アリエルの父。
人間の世界をよく
思っていない

アースラ
Ursula

海の魔女。かつて王
宮を追放されたこと
からトリトン王を恨
んでいる

この作品に対するそーたの想い

　「親の愛」と「子の自立」という繊細かつ複雑なテーマが、この作品ではうまく描かれています。特に、エリック王子と結ばれ人間の世界に行くアリエルを、トリトン王が寂しいながらも温かく送り出すエンディングには、いつも涙します。親が子を思う気持ちは、子がいくつになっても変わらない。でも、子はいつか必ず親から巣立つ。それが本当の意味での「成長」なのかもしれません。

　エンディングで、トリトン王はhow much I'm going to miss her（［娘がいなくなると］どれだけ寂しくなるか）と言います（1：16：05ごろ）。how much（どれだけ）、I'm going to miss her（私は娘を恋しく思うだろうか）という、トリトン王の娘への深い愛情が感じられるこのセリフが大好きです。これは、英語でしか感じ取ることができない「言葉の美しさ」であるように思います。そう言いながらも娘のアリエルを人間の世界に送り出してあげる父の愛……。感動です。

▶ 04:20 ごろ

宮廷音楽家セバスチャンは、16歳になるアリエル
の誕生日パーティーの指揮を任されています。

I'm really looking forward to this performance, Sebastian.
コンサートがすごく楽しみだ、セバスチャン。

Your Majesty!
国王陛下！

This will be the finest concert I have ever conducted.
今日のコンサートは、私が今まで指揮した
中で最高傑作になるでしょう。

Your daughters, they will be

スペクテァキィゥラー
spectacular!

王女様たちの熱演は
素晴らしい ものになります！

語注 **Your Majesty**：陛下／**conduct**：〜を指揮する

22

「見たもの」の素晴らしさを伝えるときに

spectacular（素晴らしい）は、見たものの素晴らしさを伝える表現。「すごい」を表す言葉はたくさんありますが、「度肝を抜かれる」「圧巻の」「あっけにとられる」というニュアンスが強いのがこの単語です。

景色・コンサート・パフォーマンスといった言葉と組み合わさる傾向が強く、spectacular view（素晴らしい景色）、spectacular concert（素晴らしいコンサート）、spectacular performance（素晴らしいパフォーマンス）は会話での頻出パターン。

They will be spectacular!のセリフは、デビューを迎えるアリエルのパフォーマンスについてセバスチャンが「ド派手で圧巻のコンサートになること間違いなし」と伝えているわけですね。

フレーズ 2

▶06:00ごろ

アリエルはパーティーのことを忘れ、フランダーと一緒に難破船を探検します。

アリエル

デアーエレエズ

There it is.
あったあった。

Isn't it fantastic?
素敵じゃない?

語注 **get out of** 〜：〜から出る

フランダー

Yeah, sure. It's-it's great.
えーと、そうだね。すごいよ。

Now let's get out of here.
もうここから離れようよ。

何かを見つけたときの「あった！」

　There it is.（あったあった）は、何かを発見したときに使えるフレーズ。アリエルが見つめる目線の先には難破船があります。このように「距離が少し離れた場所」に探し物を見つけたときに使ってみてください。

　There（そこに）it（それが）is（ある）が直訳です。発見したものが「人」の場合はThere he is!（［彼が］いたいた！）、There she is!（［彼女が］いたいた！）、There you are!（［あなたが］いたいた！）のようにも使えますよ。

▶07:10ごろ

フランダーは船の中で
ガイコツを発見！逃げ
ようとして、船の壁に
激突してしまいます。

フランダー

Ariel!
アリエル！

アリエル

Oh, are you okay?
まあ、大丈夫？

フランダー

Yeah, sure.
うん、もちろん。

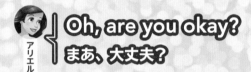

ノーウ　プウァブルンム　　　　　　　　　　アイム　オーウケイ

No problem. I'm okay.

全然平気。大丈夫だよ。

「大丈夫？」と聞かれたらこう答えよう

　No problem. I'm okay.（全然平気。大丈夫だよ）は、「大丈夫？」と聞かれたとき
のカジュアルなリアクションフレーズ。Are you okay?と尋ねられることは、日常会
話でたくさんあります。体調が悪いとき、道でつまずいたとき、賛否を確かめたい
ときなど、いろいろな状況で「大丈夫？ 問題ない？」と聞かれますよね。不意を突か
れると、つい Yeah. しか出てこない方も多いのでは？ No problem. I'm okay.は、この
まま言えるようにしておきましょう。

　また、No problem. は使い回しがききます。Thank you!（ありがとう！）と言われ
たときも No problem!（全然！）、Sorry!（ごめん！）と言われたときも No problem!（全
然！）のニュアンスで使えます。リアクションの定番フレーズにしてしまいましょう。

▶ 10:20ごろ

スカットルはパイプを「楽器」だとアリエルに教えます。吹いた途端、中から海藻が！

スカットル

So, they invented this snarfblatt to make fine music.
そこで、彼らは楽器を発明して音楽を始めたんだ。

Allow me.
失礼。

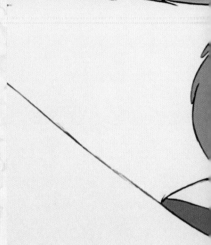

アリエル

Music!
音楽！

スカットル

エッツ　スタック
It's stuck!
詰まった！

語注 **snarfblatt**：スカットルの造語

「動かない」状態を表すstuck

　It's stuck.（詰まった）は、何かがどこかに挟まった状態を表すフレーズ。スカットルが手に持つタバコ用のパイプには、海藻が詰まっています。このように「挟まって、詰まって、動かない」様子こそがstuckのイメージです。映画のシーンと一緒に覚えましょう。

　ドアがレールに引っかかって開かない、千円札が自動販売機の投入口に詰まって引き出せない、コートのファスナーが引っかかって動かない……。すべてIt's stuck.で表せます。

　stuckはまた、「物」に対してだけでなく、「人」に対しても使えます。溝に足がはまった、渋滞にはまって動けない、人生に行き詰まった……。これらもすべて I'm stuck. で表せます。ふとしたときに、意外とよく使うフレーズですよ。

▶ 10：40ごろ

今日はコンサートがあったことを
思い出したアリエルは、急いで
帰ります。

アリエル

I'm sorry!
ごめん！

アイ　ガラ　ゴーウ

I gotta go!
行かなきゃ！

Thank you, Scuttle!
ありがとう、スカットル！

スカットル

Any time, sweetie!
どういたしまして、かわい子ちゃん！

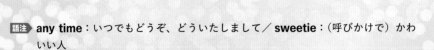

語注 **any time**：いつでもどうぞ、どういたしまして／**sweetie**：（呼びかけで）かわ
いい人

別れを切り出すときに使ってみて

I gotta go.（行かなきゃ）は、別れ際に使えるフレーズ。誰かと会っているとき、「そろそろ帰らなくちゃ」と感じても、どのように切り出そうか迷うことはありませんか？

アリエルはスカットルに I'm sorry! I gotta go!と切り出して、その場を去ろうとしています。そして Thank you, Scuttle!と付け足しています。このように、前後に I'm sorry.やThank you.を織り交ぜながらこの表現を使うと、感じよく相手と別れることができますよ。

gottaはhave got to 〜（今〜しなきゃ）が本来の形で、I gotta go.はI have got to go.が正式な表し方です。口語ではhaveが省略され、さらに got toがくっついて発音されて「ガラ」となり、I gotta go.になるわけですね。ちなみにgottaはくだけた表現なので、メールなどの書き言葉ではhave to 〜（〜しなければいけない）を使うほうが好ましいです。

▶13:05ごろ

父親であるトリトンは海の上へ向かうアリエルを
心配しますが、アリエルは猛反発！

トリトン王

Do you think I want to see my youngest daughter snared by some fish-eater's hook?

末娘が人間の釣り針に引っかかりでもしたらどうする？

アリエル

I'm 16 years old.
私は16歳よ。

I'm not a child anymore.
もう 子ども じゃないわ。

語注 **snare**：〜をわなに掛けて捕らえる／**fish-eater**：魚を食べる（凶暴な）動物。「人間」を指す／**hook**：釣り針

「もう〜ない」を表すnot 〜 anymore

　not 〜 anymore（もう〜じゃない）は、「もう今は〜でない」「もうこれ以上は〜ない」を表すフレーズ。アリエルは I'm not a child anymore.（もう子どもじゃない）と訴えています。このように、anymoreは必ず「notがある否定文」で使われ、文の一番後ろに置かれます。

　日常会話では、I can't 〜 anymore.（もうこれ以上は〜できない）で使うことが多いように感じます。自分が使いそうな形を想像して、声に出しておきましょう。例えば、I can't eat anymore.（もうこれ以上は食べられない）といった具合です。

トリトン王

Do you think I was

トゥー　ハードン
too hard on her?

娘 **への当たりがキツすぎた** か？

語注 **definitely**：間違いなく、もちろん／**why**：ええと、その／**I'd**：＝I would

セバスチャン

Definitely not.
もちろん、そんなことはありません。

Why, if Ariel was my daughter, I'd show her who was boss.
その、もしアリエル様が私の娘なら、誰が父親かビシビシと伝えますよ。

「当たりがキツい」を意味するhard

　too hard on ～［人］（～への当たりがキツすぎる）は、人への当たりの厳しさを表すフレーズ。hardには「一生懸命に」のほかに「言葉や態度が厳しい」の意味もあります。この意味の場合は、必ずonと一緒に使います。アリエルを見下ろしてしかりつけるトリトン王が、on ～（～の上に）のイメージにぴったりですよね。

　実際の会話でフレーズを使いこなせるようにするには、よく使う言葉とくっつけて口から出しておくことが大切です。その際、「自分が言いそうなこと」も意識してみましょう。My boss is too hard on me.（上司は私に当たりがキツすぎる）のようによく言いそうなことがある場合、1文を丸ごとインプットしておくと、会話でサッと口から出てきますよ。では早速、自分で英文を作って言ってみましょう。せーの！

▶ 28:35 ごろ

恋に落ちたアリエルは、「花占い」な
らぬ「海藻占い」で、恋する相手のこ
とを考えます。

アリエル

He loves me.
彼は私を愛してる。

Mmm. He loves me not.
うーん。愛してない。

He loves me!
愛してる!

アイ ニィゥー エッ(トゥ)
oh, **I knew it!**
ああ、やっぱり!

「やっぱりね!」と言いたいときに

　I knew it!（やっぱりね！）は、会話のすき間で使えるとっさの一言。「やっぱりそうだったんだね！」と、自分の予想どおりのことが起こったときに使うフレーズです。この場合、現在形のknowとはなりません。「前からそのような気がしていた」ということなので、過去形のknewで表します。

　映画では、エリック王子が自分を好きかどうか花占いするアリエルが「やっぱり私のことが好きなのね！ 思っていたとおり！」と、ひとりごとを言うシーンで使われていますね。実際の会話でも、相手が言ったことに対して「やっぱりね！」というニュアンスで使えますよ。

フレーズ **9**

▶38:55 ごろ

エリックを助けて恋をしたことで父の怒りを買った
アリエルは、海の魔女アースラを訪ねます。

アースラの手下

デス ウェイ
This way.

こっちこっち。

Come in.
お入り。

Come in, my child.
いらっしゃい、かわいいお姫様。

道案内に便利なフレーズ

This way.（こっちだよ）は、行く方向を示すフレーズ。wayにはさまざまな意味がありますが、ここでは「道」「方向」の意味です。このシーンでは、This way.と方向を示すアースラの手下たちに連れられ、アリエルはアースラが待つ場所へと向かいます。

日常会話では、誰かに道案内をしたり、友人と歩いていたりして、「こっちの方向だよ」と言いたいときに使えます。例えば、友人と目的地（レストランなど）に向かっているとき、This way.（こっちだよ）、That way.（あっちだよ）などと言いながら歩くことができますね。

エリック王子は自分を助けてくれた美しい声の持ち主を探しましたが、見つけられずにいら立っています。

エリック

That voice.
あの声。

アイ キャエァーン ゲレラェァウラヴ マイ ヘッ(ドゥ)

I can't get it out of my head.
頭から離れない。

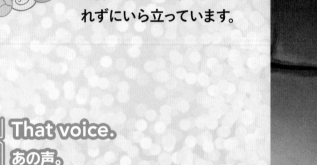

I've looked everywhere, Max.
あちこち探したんだよ、マックス。

Where could she be?
彼女はどこにいるんだろう？

「頭から離れない」状態を表すフレーズ

　I can't get it out of my head.（それが頭から離れない）は、何かをずっと考え続けている状態を表すフレーズ。アリエルのことが頭から離れないエリック王子が言うセリフです。日常会話でも、この１文のまま使うことが多いですよ。

　getには「後に続く単語の動作や状態を強調する」はたらきがあります。例えば、Let's get out of here.（ここから出よう）はよく聞く表現。このget outは「出る」という意味で、「outという状態にしよう！」とgetが強調しているのです。

　「〜から出る」は out of 〜で表すことができます。つまり、get it（それを）＋out of my head（頭から出してやる）になるわけです。I can't get it out of my head.は、「頭からそれを出してやれない＝頭から離れない」ということです。

　似た表現としては、Get him out!（彼を追い出せ！）も映画などでよく聞きますよ。

▶46:25ごろ

魔法で足を授かったアリエルを、偶然
見つけたスカットル。彼女のどこが変
わったのか当てようとします。

スカットル

There's somethin' different.
何か違う。

Don't tell me.
言うな。

アイ　ガレッ(トゥ)
I got it!
わかった！

It's your hairdo, right?
髪型だろ、そうだな？

語注 **somethin'**：＝something ／ **hairdo**：髪型、ヘアスタイル

「わかった！」と言うときの定番フレーズ

I got it!（わかった！）は、何かを理解したときに使えるフレーズ。ここでのgetは本来の意味である「〜を得る」のニュアンスです。got（得た）＋it（それを）で「わかった！ ひらめいた！」のイメージです。

I see.（なるほど、そうなんだ）のように「納得」を表すフレーズとは少々異なり、まさに今、「要点を理解した」ことを表すニュアンスです。クイズを出されて「わかった！」と言うときのイメージがぴったりですね。

日常会話でも、理解できなかったことがピン！ときたときに使えます。アリエルのどこが変わったのかがわからなかったスカットルが、「わかった！」とひらめいているイメージで覚えましょう。

▶49:45 ごろ

声を失ったアリエルに出会ったエリック。自分の
捜す人ではないと思いつつ、助けることにします。

エリック

Gee, you must have really been through something.
これは驚いた、怖い目に遭ったらしいな。

Don't worry. Don't worry.
心配しないで。

I'll help you.
助けてあげるよ。

Come on. Come on.
さあ、おいで。

ユーオ ビー オーウケイ
You'll be okay.
絶対、大丈夫だよ。

語注 **gee**：おや、まぁ（驚きを表す）／
through 〜：〜を経験して

つらい人を言葉ではっきり励まそう

You'll be okay.（大丈夫だよ）は、人を励ますときに使えるフレーズ。海から来たアリエルに対してエリック王子が言う言葉です。日常会話では「病気になっちゃったんだよね」「今、仕事しんどいんだよね」など、つらい思いを伝えてくれた相手に対して声をかけるときなどに使えます。

英語は文化的にも、言語的にも「想いをすべて口に出す言語」と言えます。日本語では「大丈夫だよ」としか言いませんが、英語ではYou（あなたは）、〜'll（〜だろう／willの短縮形）、be okay（大丈夫な状態になる）と「誰が、いつ、どうなるのか」を明確にします。そして、人を褒めたり、励ましたりする言葉はしっかり口に出します。

フレーズを使いこなすためには、英語の文化や習慣を理解することも大切です。つらい思いをしている人がいたら、言葉ではっきり「大丈夫だよ！」と伝える習慣を身につけましょうね。

アリエルを招いて行われる夕食会。執事である
グリムスビーは、夕食の内容を尋ねます。

グリムスビー

Carlotta, my dear, what's for dinner?
カーロッタ、夕飯は何だい?

カーロッタ

ユアー　ガナ　ラヴェッ(トゥ)

Oh, **you're gonna love it!**
ぁぁ、**絶対に気に入りますよ!**

Chef's been fixing his specialty, stuffed crab.
シェフが自慢のカニ料理を作ってます。

語注 **gonna**:going toの口語の形／**fix**:〜(料理など)を作る／**specialty**:得意料理／
stuffed:詰め物をした／**crab**:カニ

誰かをもてなすときに使ってみよう

　You're gonna love it!（絶対、気に入るよ！）は、人におもてなしをするときに使えるフレーズ。プレゼントを渡したり、誰かをどこかに連れていってあげたり、オススメの食べ物を教えてあげたりして「あなたが好きなやつだよ！」「あなたなら絶対気に入るよ！」と伝えたいときに使えます。このシーンでは、今夜の夕食について、お手伝いさんのカーロッタが「絶対に気に入りますよ！」と太鼓判を押しています。ちなみに、gonnaはgoing toの口語の形です。

　「プレゼントを渡すときにはこのフレーズ！」というように、シーンごとの定番パターンを丸々ストックしておくことが大切です。例えば、This is for you! You're gonna love it.（はい、プレゼント！　絶対に気に入るよ）といった具合です。

　日本語の「つまらないものですが……」を定番パターンの言葉として添える感覚と同じです。日本語では謙遜してへりくだる言葉を添えるのに対して、英語では自信に満ちあふれた言葉を添えるという違いが面白いですよね。

▶ 1:08:35 ごろ

アリエルとフランダーはヴァネッサと結
婚しようとするエリックを止めるため、
彼のもとへ向かいます。

フランダー

Don't worry, Ariel.
心配しないで、アリエル。

We're gonna make it.
きっと間に合うよ。

アーマス デアー
We're almost there.

もうすぐ着くからね。

語注 **gonna**：going toの口語の形／**make it**：間に合う

「もうすぐ着くよ」と言いたいときに

We're almost there.（もうすぐ着くよ）は、どこかに間もなく到着するときに使えるフレーズ。almost（ほとんど）+there（そこの場所にいる）で「もうすぐ着く」のイメージになります。主語は I'm（私）、We're（私たち）など状況に応じて変えます。

誰かと一緒に目的地に向かっているとき ➡ We're almost there.
友人と待ち合わせ中、「今どこ？」と電話が来たとき ➡ I'm almost there.

このシーンでは、泳げないアリエルを引っ張るフランダーが We're almost there.（もうすぐ着くからね）と伝えてあげていますね。日常会話では主語を省略することも多いので、Almost there. だけでも問題ありませんよ。

Chapter 2

アラジン

ALADDIN

『アラジン』から、
日常会話で役立つフレーズを見ていきましょう。

フレーズが口から出やすくなるコツ②

自分が本当に使いそうな形で暗記しよう!

　そのままの形で丸ごと使えるフレーズもありますが、一部を「自分が使いそうな言葉」に置き換えないと、実際の会話では使えないフレーズもありますよね。そういう場合は、「自分用にカスタマイズ」してインプット&声に出しましょう!

　例えば、本章でHow did it go?（どうなった?）というフレーズが登場します（p. 66）。もちろん、このままの形で使える場面もたくさんあります。でも「打ち合わせどうなった?」と言いたいときは、How did the meeting go?のようにitをthe meetingに置き換えないといけません。自分用にカスタマイズしていないと、itから離れられず、柔軟に対応できなくなるのです。その結果、実際の会話で使いこなせなくなります。

　打ち合わせをよくする社会人ならmeeting、テストをよく受ける学生ならtestのように、自分の「今の立場や生活」によって使う言葉は変わるはずです。主語はIよりもweのほうがよく使う、I miss you.よりもI miss her.のほうがよく使う……など、実際に使いそうな形を想定して、自分用にカスタマイズしてインプットしましょう。

アグラバーに住む青年アラジンは、
美しい女性ジャスミンに出会い恋に落ちます。
城の衛兵たちに捕らえられ、
ジャスミンが王女であると知りショックを受けるアラジン。
姿を変えて現れたアグラバーの邪悪な大臣ジャファーに頼まれ、
どんな願いごとも3つかなえる魔法のランプを探しにいきます。
ランプの精ジーニーの力で王子となり、
ジャスミンと再会したアラジン。しかし、ジャファーは
アグラバーを乗っ取るためにランプを狙っていたのでした。

キャラクター紹介

アラジン
Aladdin

貧しいけれど心優しい青年。ジャスミンに恋するが、身分の違いに落ち込む

ジャスミン
Jasmine

アグラバーの王女。自由に生きられない宮殿の生活にうんざりしている

ジーニー
Genie

世界最強のランプの精。ユーモアあふれる性格で、いろいろな姿に変身できる

アブー
Abu

アラジンの相棒の猿で、盗みの天才。言葉は話さないがアラジンの最高の助っ人

ラジャー
Rajah

ジャスミンの友達のトラ。心優しいボディーガード的存在

ジャファー
Jafar

アグラバーの大臣。イアーゴというオウムを手下とし、王の座を狙っている

サルタン
Sultan

アグラバーの国王で、ジャスミンの父親。娘の心配ばかりする過保護な一面がある

この作品に対するそーたの想い

　テーマ曲である「A Whole New World」には、たくさんの思い出があります。幼少期は、日本語版ではありますが『アラジン』のDVDを親と何度もくり返し見ました。この曲を聞くたび「一緒によく見たな〜」と記憶が蘇ります。

　高校生になってからは「英語の発音がキレイになりたい！」と、洋楽で発音練習を毎日していました。その曲の１つが「A Whole New World」だったので、「よく発音練習のために歌ったな〜」という記憶も蘇ります。

　英語のそーたの活動では、アラジンの衣装を着て、この曲を使った学習コンテンツを動画配信サイトに投稿したこともあります。「『アラジンの動画、面白かった！』とたくさんコメントをいただいたな〜」ということも、よく思い出すのです。今後は本書を作ったときのことも、曲を聞くたびに思い出すかもしれませんね。そーたにとっては、それほどたくさんの思い出が詰まった曲であり、作品なのです。

ジャファーは洞窟の中にある、3つの願いがかな
うという魔法のランプを手に入れたいと考えます。

イアーゴ

ウワラー ウィー ガナ ドゥー
What are we gonna do?
これからどうするのさ？

We got a big problem here,

a big...

大きな問題だぞ、大きな……。

ジャファー

Yes. Only one may enter.

ああ。中に入れるのはたった1人だけ。

I must find this one,

this...diamond in the rough.

見つけなければ。そのたった1つの……
ダイヤモンドの原石を。

語注 **gonna**：going toの口語の形／**in the rough**：未加工の、原石の

トラブルに直面したときに使おう

　What are we gonna do?（これからどうしようか？）は、トラブルに直面したときに使えるフレーズ。直訳すると「私たちは何をするつもりですか？」ですが、これからどうしようか？」「どうやって問題を解決しようか？」のニュアンスで使われます。gonnaは、going toの口語の形です。

　ドライブ中に車が故障して動けなくなった、ディズニーランドに行く日の朝に大雨が降っているなど、予想外のトラブルに直面し「どうしようか？」と言いたいとき、このまま使ってみてください。そこから解決策を話し合っていけるはずです。

　このシーンではランプのある洞窟に入れず、イアーゴがジャファーに対して「どうするのさ？」と聞いていますね。

▶07:20ごろ

アグラバーに住む青年アラジンは、パンを盗んで
衛兵に追われていました。

アラジン

Trouble? No way.
困ってるだって？　まさか。

You're only in trouble if you get caught.
困るのは捕まったときだけだよ。

衛兵

Gotcha.
捕まえた。

アラジン

アイメン　トゥウァボー
I'm in trouble.
困った。

語注　**get caught**：捕まる。caughtはcatchの過去分詞／
　　　Gotcha.：捕まえたぞ。＝（I've）got you.

58

「困った状態」を表すin trouble

　I'm in trouble.（困った）は、困っている「状態」を表すフレーズ。「in trouble＝トラブルの中にいる」イメージは、アラジンが衛兵に捕まってしまったシーンにぴったりですよね。

　このシーンのように「今まさにピンチである」という場合はI'm in trouble.だけで使えます。日常会話ではWhen I was in trouble yesterday, she helped me.（昨日困っていたとき、彼女が助けてくれたんだよね）と、「自分が困っている（いた）状態」を表す際によく使われます。

　もちろん、主語はIだけでなく、When she was in trouble, ...（彼女が困っていたとき、……）のように「誰かが困っている状態」を表すときにも使えます。柔軟に形を変えて使えるように練習しておきましょう。また、Are you in trouble?（何か問題？／困ってる？）も、そーたはよく使います。

▶ 16:35 ごろ

アグラバーの王女ジャスミンは外で自由に暮らしたいと思い、宮殿を抜け出そうとします。

ジャスミン

Oh, I'm sorry, Rajah.
ああ、ごめんね、ラジャー。

But I can't stay here and have my life lived for me.
でも、このままここで一生を終えたくないの。

アイオ メス ユイウー
I'll miss you.
寂しくなるわ。

語注 **have my life lived for me**：「（誰かによって）自分の代わりに自分の人生を生きられる」、つまり「自分の思うように生きられない」の意

別れ際に使いたいフレーズ

I'll miss you.（寂しくなるよ）は、誰かとしばらく会えなくなるときに使えるフレーズ。このシーンでは、宮殿を出るジャスミンが、唯一の友であるラジャーに対して言っていますね。

I miss you.は「会えなくて（今）寂しいよ」と現在の寂しい状況を表します。一方、willを足して I will miss you.とすると、「（これから）寂しくなるよ」と未来の寂しさを表します。I'llはI willの短縮形ですね。日常会話では、誰かとの別れ際に使ってみてください。

▶21:05ごろ

アラジンは街で出会ったジャスミンの手を引き、
自分の家へ招き入れます。

Come on. This way.

さあ。こっちだよ。

Whoa.

おっと。

ウァッチュアー

Watch your head there.

頭、**気をつけて**。

語注　whoa［ウォゥ］：おっと（驚きを表す）

「気をつけて」と注意を促すときに

Watch your ～.（～に気をつけて）は、誰かと歩いているときなどに注意を促すフレーズ。このwatchは「～に気をつける」の意味です。「気をつけて！」ととっさに言ってあげたいとき、このフレーズを口から出す練習をしておかないと、なかなか出てこないので注意しましょう。

このシーンでは、アラジンがジャスミンを「自分の家」に案内しながら言っており、Watch your head there.と最後にthereが付いています。このthereは「ほら、そこ」と声をかけるくらいの軽い意味で、なくても構いません。もちろん、thereを付けても問題ありませんが、実際に会話で使いこなせるようにするには、余分な言葉は省いて1語でも少なく覚えておくことをオススメします。

同じWatch your ～.の形では、Watch your step.（足元に気をつけて）も、そーたはとてもよく使いますよ。

⏵22:00ごろ

アラジンにどこから来たのか聞かれたジャスミン
は、家出したことを話します。

アラジン

So, where are you from?
で、君はどこから来たの?

ジャスミン

What does it matter?
関係ないわ。

I ran away and I am not going back.
私は家を出て、帰らないつもりだから。

アラジン

Really? How come?
そうなの? なんで?

ジャスミン

My father's forcing me to get married.
父に無理やり結婚させられるの。

アラジン

デェアッツ アーフォー

That's... **That's awful.**
それは…… **それはひどい話だ。**

語注 **How come?**:なんで? / **force 〜 to ...**（動詞の原形）:〜に無理やり…させる

「と〜っても悪い」にはawfulがぴったり

　That's awful.（それはひどいね）は、何かが「とても悪い状態」を表すフレーズ。望まぬ結婚をさせられるというジャスミンの話を聞き、アラジンがThat's awful.（それはひどい）と言うシーンで使われています。日常会話でも、ひどい話を聞いたときのリアクションとして使うと便利です。

　awfulはまた、awful experience（ひどい経験）やawful food（ひどい［まずい］食べ物）のように、「経験」や「食べ物」などの名詞を説明するときの修飾語としても使えます。

　「悪い」状態を伝えたいとき、ついbadを使いがちですが、「と〜っても悪い」状態を表したいときはawfulも使ってみましょう。「悪い→bad」、「と〜っても悪い→awful」のように、自分なりに分類してストックしておくと、会話で使いやすくなりますよ。どの単語を覚えるときも、「自分なりに分類してストック」は大事です。

ジャファーは「アラジンが死刑になった」とジャスミンにうそをつきます。

イアーゴ

So, **how did it go?**

ヘェァゥ デデッ ゴーゥ

それで、**どうなった?**

ジャファー

I think she took it rather well.
彼女はすっかり信じたようだ。

語注　**take it well**：上手に受け止める、しっかり納得する／**rather**：かなり、相当

「どうなった?」と結果を聞くフレーズ

　How did it go?（どうなった?）は、何かの「結果がどうなったか」を聞くときに使えるフレーズ。「アラジンは死刑になった」とジャファーがジャスミンに伝えた後、イアーゴが「それで、どうなった?」と聞くシーンで出てくる表現です。

　「How（どのように）＋did it（それは）＋go（進みましたか?）＝どうなった?」という成り立ちです。日常会話ではこのまま使えることも多いので、まずは丸ごと覚えておいてください。

　一方、itを具体的な内容に変えることもできます。例えば、How did the test go?（そのテストはどのように進みましたか?＝テスト、どうだった?）という具合です。テスト（test）、面接（interview）、発表（presentation）などの結果がどうなったか聞きたいときに使えるよう、itの部分を入れ替えて声出し練習をしてみましょう。

魔法の洞窟の中で魔法のじゅうたんに
気づいたアラジンは、優しく声をかけて
呼び寄せますが、サルのアブーは警戒し
ています。

アラジン

A magic carpet.
魔法のじゅうたん。

Come on. Come on out.
We're not gonna hurt you.
さあ。出ておいで。いじめたりしないから。

テイケリーズィー
Hey, take it easy, Abu.
おい、落ち着けって、アブー。

He's not gonna bite.
彼はかみつかないよ。

語注 **gonna**：going toの口語の形／**bite**：〜にかみつく

68

「落ち着いて」「気楽にね」と伝えるときに

Take it easy.（落ち着いて、気楽にいこうよ）は、誰かに「焦らず肩の力を抜いて」と助言するときに使えるフレーズ。「Take it（それを取る）＋easy（簡単に）＝もっと簡単に解釈しよう、気楽に考えよう」ということから、「焦らず肩の力を抜いて」のニュアンスになります。

　映画では、魔法のじゅうたんを見て興奮しているアブーにアラジンが「落ち着け」と言うシーンで使われています。このように、興奮している相手に「落ち着いて」「冷静に」と伝える際にも使えます。

　実際の会話では、何かを頑張りすぎて落ち込んでいる人や、しんどくなっている人に対して「気楽にいこうよ」と言う場面で使うことが多いですよ。発音は3語をひと続きにして「テイケリーズィー」のまま覚えておきましょう。

魔法のランプを見つけるアラジン。しかし普通の
ランプにしか見えず、戸惑います。

アラジン

デスエズ　エッ(トゥ)
This is it?
これがそのランプ？

語注 **all the way**：はるばる

This is what we came all the way down here to...
こんな物のためにはるばる来たのか……。

「これが例のやつ」と言うときのThis is it.

This is it.（これこれ）は、「これが、（前に話した）例のそれだ」と言いたいときに使うフレーズ。このシーンでは、魔法のランプを見つけたアラジンが言うセリフですね。ここでは、「これが、話に聞いていた例のランプなのか？」と自問しながら確認しているニュアンスです。

日常会話では、前に話したものが出てきて「これこれ！」と言うときなどによくThis is it!を使います。例えば、友人に「最近、欲しいカーテンがあるんだよね」と話していたとします。その後、たまたま街を歩いていて、お店でそのカーテンを見つけたらThis is it!（これこれ！ 前に話したやつ！）と言えます。

つまり、「今、目の前にあるこれがそれだよ」と表したいときに使えるわけです。映画などではよく、This is it!（今この瞬間がその時だ！＝今が勝負の時！）という意味で使われたりもします。

▶34:30ごろ

アラジンが死んだと聞かされ悲しむジャスミン。
その姿を見たサルタンは、心配して声をかけます。

サルタン

Jasmine? Oh, dearest.
ジャスミン？　ああ、愛しい娘よ。

ウワッツ　ウァーン（グ）
What's wrong?
どうしたんじゃ？

ジャスミン

Jafar has done something

terrible.
ジャファーが恐ろしいことをしたの。

語注　**dearest**：最愛の人（呼びかけ）

困っている理由を聞くWhat's wrong?

　What's wrong?は「どうしたの？」と聞きたいときに使えるフレーズ。wrongは「おかしい」の意味です。そこで、What's wrong?も「何かおかしなことでもあった？」のニュアンスを含んだ「どうしたの？」になります。このシーンでも、悲しんでいるジャスミンに対して、サルタンが言うセリフとして使われていますね。

　日常会話でも同様に、困った顔をしている人や、悲しそうな顔をしている人に「困っている理由」を聞きたいときに使ってください。反対に、ショッピング帰りの楽しそうな友人に出くわしたとき、「どうしたの？ こんなところで何してるの？」のニュアンスでは使えないので注意です。その友人はきっと、困っていないでしょうから。

フレーズ 24

▶44:40ごろ

ランプの精であるジーニーが願うのは
「自由」。でも、かなうわけがないとあ
きらめています。

ジーニー

But what am I talking about?
俺は何を言ってるんだ？

Let's get real here.
現実を見つめなくちゃ。

It's not gonna happen.
そんなこと起こるわけないさ。

Genie, wake up and smell the hummus.
ジーニー、現実を見ろよ。

アラジン

ウワイ ナッ(トゥ)

Why not?
なんで
起こらないのさ？

語注 **get real**：現実を見る／**gonna**：going toの口語の形／**wake up and smell the hummus**：Wake up and smell the coffee.（目を覚ましてコーヒーのにおいをか

「否定」の理由を尋ねるときに使おう

Why not?（なんでそうじゃないの？）は、相手が言った「否定文」に対して「なんで〜じゃないの？」と理由を聞きたいときに使うフレーズ。否定文に対しての理由を聞くため、Why not?のnotが必須となります。

このシーンでは、It's not gonna happen.（［自分が自由になるなんてことは］起こらないよ）と言うジーニーに対して、アラジンが Why not?と言っています。つまり、「なんで起こらないのさ？」と聞いているわけです。日常会話でもとっさに使う表現なので、否定文に対してサッと反応できるようにしておいてくださいね。

げ＝現実を見ろ）という英語表現のアレンジ。hummus（フムス）はヒヨコ豆を裏ごししたペースト状の中東料理

Chapter 3

塔の上の
ラプンツェル

TANGLED

『塔の上のラプンツェル』から、
日常会話で役立つフレーズを見ていきましょう。

フレーズが口から出やすくなるコツ③

細かな違いを気にしすぎない!

bad＝悪い、awful＝ひどい、horrible＝恐ろしい、terrible＝ひどい……いずれも、似た意味を持つ単語です。「この単語とこの単語のニュアンスはどう違うの?」と気にし出したら止まりませんよね。大丈夫です、信じてください。**使っているうちに自然と違いがつかめてきます!** 大切なのは、細かいことは気にせず、とにかく使ってみること。積極的に使っていると、それらの単語に自然と意識が向き、「ネイティブはこの場面でこのフレーズを使っているなぁ」と映画や実際の会話、英語教材などで気付くことも増えます。

細かいニュアンスの違いはわからなくても、「大きなカテゴリーで分類してストック」しておくことはできます。bad→「基本的に《悪い》と言いたいときに使おう」、awful→「《めっちゃ悪い》と強調したいときに使おう」など。これくらいのざっくりとした分類で大丈夫です。自分なりにうまく整理してストックしておきましょう。そうすると、実際の会話で使いこなしやすくなります。

すべての単語の微妙なニュアンスを把握する必要はありません。日本語でも「とても」「非常に」「大変」「すごく」の違いなんて、細かく気にしないのと同じです。

長い髪に魔法の力を宿すラプンツェルは、
母親のゴーテルと共に森の奥深くの高い塔に住んでいました。
ゴーテルの言いつけを守り
一度も塔の外に出たことのない彼女は、
「自分の誕生日に空に放たれる不思議な灯りをこの目で見たい」
と夢見ています。そんなある日、
お尋ね者のフリン・ライダーが塔に逃げ込んできます。
最初はフリンを不審に思ったラプンツェルですが、
彼に案内を頼み、ゴーテルに内緒で初めて外の世界へ飛び出します。

キャラクター紹介

ラプンツェル
Rapunzel
森の奥深くにある塔
に暮らす娘。長い髪
に、ケガや病気を治
す魔法の力を宿して
いる

フリン・ライダー
Flynn Rider
お尋ね者の大泥棒。
ルックスに自信を
持つお調子者だが、
徐々にラプンツェル
に心ひかれていく

パスカル
Pascal
ラプンツェルの友達
のカメレオン。いつ
もラプンツェルのそ
ばにいる

マキシマス
Maximus
警護隊長の馬。する
どい嗅覚を持ち、フ
リンを捕まえること
に執念を燃やす

ゴーテル
Mother Gothel
ラプンツェルの母
親。娘を塔の中から
出さず、長い髪の力
を独り占めして若さ
を保っている

この作品に対するそーたの想い

　ディズニー作品には「主人公の相棒」として、多くの動物キャラクターが登場します。彼らはどれもかわいく、主人公をサポートする心強い味方です。そーたは、各作品の動物キャラクターも大好きです！　彼らを見るたびに、そーたの相棒（犬と猫）を思い出すからです。

　実際、私たちの生活においても動物は欠かせない存在です。ディズニー作品では、「人間と動物が共存することの大切さ」を、「主人公と相棒」という形で間接的に描いているようにも感じます。

　ラプンツェルにも、パスカルという相棒がいます。外の世界を知らないラプンツェルにとって、パスカルは大切な存在ですよね。そんなパスカルに、つい愛着がわいてしまいます。ほかにも、『アラジン』に登場するアブーやラジャー、『リトル・マーメイド』のフランダー、『モアナと伝説の海』のヘイヘイ……。皆さんの好きな動物キャラクターはどれですか？

▶01:25ごろ

昔、けがや病気をいやすという魔法の花をねらう老婆がいたことを、フリンが語ります。

フリン

Oh, you see that old woman

オーウヴァー デアー

over there?

そうだ、**あそこに** おばあさんが見えるかい？

You might wanna remember her.

彼女を覚えておくといいかもしれない。

語注 **might want to** ～（動詞の原形）：～するといいだろう。wannaはwant toの口語の形

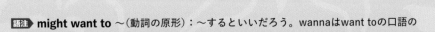

離れた場所のものを指すover there

　over there（あそこに、あそこの）は、少し離れた場所の物を指すときに使うフレーズ。日常会話では「ほら、あそこ！」と指を差しながら使うことが多いです。映画では、「あそこにおばあさんが見えるだろ？」とゴーテルを示す場面で使われています。

　Over there!（ほら、あそこ！）だけで使うこともできますが、ここでのセリフのように文の中でもよく使われます。その場合は、基本的に文末に置くことが多いです。例えば、Can you see the store over there?（あそこのお店、見える？）、Let's go over there!（あっちに行こう！）といった感じです。

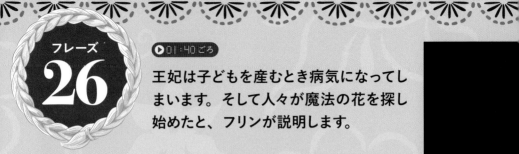

▶01：40ごろ

王妃は子どもを産むとき病気になってしまいます。そして人々が魔法の花を探し始めたと、フリンが説明します。

フリン

And the queen, well, she was about to have a baby.
王妃は子どもを産むところだった。

But she got sick. Really sick.
だが、病気になった。重い病気だ。

She was
彼女には

ウァネン エアウラブ ターインム
running out of time,
時間がなかった 。

and that's when people usually start to look for a miracle.
そんなとき、人々はたいてい奇跡を探し始める。

語注 be about to ～（動詞の原形）：まさに～するところである

「足りない」を表すrun out of 〜

　run out of 〜は「〜を切らす、〜が不足する」の意味。単に「物が不足している」という意味でも使えますが、run out of timeとすると「時間が不足する＝時間がない」という意味になり、時間に追われているときに使えます。日常会話では、この意味で使うことが多いですよ（「時間がない！」と言いたい場面は、誰にでもよくありますもんね）。「早くしなきゃ！」「もう時間がない！」という瞬間に言ってみてください。

　映画では、王妃が病気だったことを説明するフリンのセリフで、She was running out of time.（彼女は時間を切らしかけていた＝彼女にはもう時間がなかった）と言っています。動詞を-ing形にしてbe runningと進行形にすることで、「〜しかけている」「〜しつつある」の意味になります。

　We're running out of time!（私たちにはもう時間がない！）のように、日常会話ではWe areを主語にすることが多いと思います。例えば、打ち合わせをしているときや、友達と会っているときなどに残り時間が少ないことに気づき、「急いで打ち合わせを終わらせよう！」「急いでご飯を食べてしまおう！」と言うなどです。１人のときはI'm running out of time.の形で使ってくださいね。

フレーズ **27**

▶ 08:40 ごろ

王冠を盗むために、コロナ王国の城にやってきたフリン。高い屋根の上から見える景色に、息をのみます。

フリン

Wow!
I could get used to a view like this.
すごい！　この景色を見慣れたいものだな。

サイドバーンズ

Rider, come on!
ライダー、早く！

フリン

Hold on. Yep.
待て。よし。

アイム　ユィゥース　トゥ　エッ(トゥ)
I'm used to it.
もう慣れた。

Guys, I want a castle.
お前たち、俺は城が欲しい。

86

語注 ▶ **get used to ～**：～に慣れる／
yep：yesのくだけた言い方

新しい環境に慣れたときに使おう

　I'm used to it.（もう慣れた）は、今いる環境に慣れたときに使えるフレーズ。直前のセリフにあるget used to ～は、慣れていない人が次第に「～に慣れる」という意味ですが、be used to ～は「～に慣れている（状態）」の意味です。ただしスピーキングでは、そのまま使える形で覚えることがオススメです。つまり、be used toで覚えるよりも、I'm used to it.で覚えるほうが会話で使いやすいです。

　例えば、新しい学校に入学したり、新しい会社に入社したりした直後はその環境に慣れないですよね。でも、数カ月も経てばきっと慣れてくるはずです。そのようなときにHow is your new company?（新しい会社はどう？）と聞かれたら、I'm used to it.（もう慣れたよ）と答えることができます。

　映画では、お城の屋根に上ったフリンが「もうここからの景色に慣れた！（＝お城に住み慣れたよ！）」と冗談を言うシーンで使われていますね。

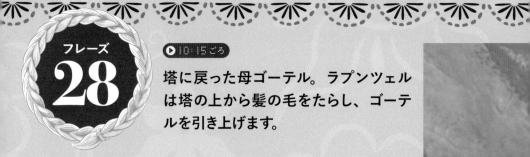

塔に戻った母ゴーテル。ラプンツェル
は塔の上から髪の毛をたらし、ゴーテ
ルを引き上げます。

ラプンツェル

Hi. Welcome home, Mother.
お帰りなさい、お母様。

ゴーテル

Ah! Rapunzel,
ああ！　ラプンツェル、

how you manage to do that

エヴウィ　センゴー　デーイ
every single day

without fail.

あなたは 毎日、 毎日、 毎日
必ず引き上げてくれる。

語注 **manage to** ～（動詞の原形）：～をなんとか成し遂げる。この文全体は感嘆文となっ
ている／**without fail**：必ず、間違いなく

「毎日欠かさず」と強調するフレーズ

　every single dayは、「毎日欠かさず」と強調したいときに使えるフレーズ。「every dayの強調フレーズ」と考えると理解しやすいと思います。everyは「1つ1つ」に注目する言葉です。そのため、every dayで「1つ1つの日＝毎日」となります。そこに「1つの」を意味するsingleが付くことで、「1つ1つ」のニュアンスがさらに強くなるわけです。

　理屈は置いておいて、「every single dayはevery dayの強調なんだなぁ〜」と覚えるとよいかと思います。「毎日欠かさず○○だ」と言いたいときに使ってみてくださいね。例えば、I study English every single day.（毎日欠かさず、英語の勉強をしてる）といった感じです。では、あなたが毎日欠かさずしていることを思い出しながら英文を作って、声に出してみましょう。

▶ 11:40 ごろ

明日で18歳の誕生日を迎えるラプンツェル。母親のゴーテルに、願いがあると伝えます。

ラプンツェル

アイム　ターネン　エイティーンヌ
Mother, **I'm turning 18,**
お母様、**私は18歳になるでしょ**、

and I wanted to ask...
それでお願いがあって……。

語注 **mumble**：ぶつぶつ言う

ラプンツェル

What I really want for this birthday...
今年の誕生日に本当に欲しいものは……。

Actually what I've wanted for quite a few birthdays now...
実は、何年も前から誕生日に欲しかったものはね……。

ゴーテル

Rapunzel, please, stop with the mumbling.
ラプンツェル、お願い、モゴモゴ言わないで。

turnで年齢を表そう

　turn（～歳になる）は、年齢を伝えるときに使う単語。〈turn＋年齢〉で「～歳になる」を表すことができます。85ページでも説明したように、動詞を-ing形にして進行形にすると、「～しかけている」「～しつつある」のニュアンスになります。つまり、〈I'm turning＋年齢〉で「～歳になりかけている＝もうすぐ～歳になる」の意味になるわけです。

　もちろん、「その年齢になった」と過去形で表したいときは〈I turned＋年齢〉で表すこともできます。主語がIだけでなく、She turned 18.（彼女は18歳になった）、My dad is turning 50 this month.（お父さんは今月50歳になる）のように、いろいろなパターンで言えるようにしておきましょう。

　学習者の方で、I turned to 20.（×）とtoを付けてしまう方をよくお見かけします。「～歳になる」の意味のとき、turnの後にtoは付かないので注意してくださいね。

フレーズ 30

▶ 12:25 ごろ

自分の誕生日に現れる光の絵を描いたラプンツェル。
その光を見たいとゴーテルに懇願します。

ラプンツェル

But these, they appear every year on my birthday, Mother.
でもあの光は毎年私の誕生日に現れるのよ、お母様。

Only on my birthday.
私の誕生日にだけ。

And I can't help but feel like they're, they're meant for me.
あの光は私のためにあるって思わずにいられない。

I need to see them, Mother.
あの光を見たいの、お母様。

And not just from my window,

エン パーセンヌ
in person.

窓越しじゃなく、その場で 直接 。

語注 **can't help but** 〜（動詞の原形）：〜せずにはいられない／ **be meant for** 〜：〜に向けられている。meantは［メンッ（トゥ）］のように発音

in personは「直接する」のニュアンス

　in person（直接）は、何かを「直接」するときに使うフレーズ。このフレーズは、特に日本語に訳しにくい表現です。なぜならば、状況によっていろいろな意味になるからです。例えば、I saw the actor in person.（その俳優さんを生で見た）、I want to talk to you in person.（あなたと直接会って話したい）といった感じです。

　ですが、すべての訳に共通するのは「何かを直接する」というニュアンスです。see 〜 in person（直接〜を見る）、meet 〜 in person（直接〜と会う［オンラインなどではなく］）、talk to 〜 in person（直接〜と話す）などもその例です。

　映画でも「直接、生で、空飛ぶランタンを見たい！」とゴーテルに訴えかけるラプンツェルのセリフで出てきます。このように、「何かを直接する」ニュアンスを表したいときに使ってみてください。in personは普通、文の一番後ろに置きます。

▶15:20ごろ

塔の外に出ることを禁じるゴーテル。ラプンツェルは、その指示に素直に従います。

ゴーテル

Ta-ta!
バーイ!

アイオ　スィー　ユィゥー　エンネァベッ(トゥ)
I'll see you in a bit,

my flower!
じゃあ後ほど、私のお花ちゃん！

ラプンツェル

I'll be here.
ここで待ってる。

語注 **ta-ta**：バイバイ

また後ですぐ会う相手に言おう

　I'll see you in a bit.（じゃあ後ほど）は、この後すぐ、また会うことがわかっているときに使えるフレーズ。前置詞 in には「〜後」の意味があります。例えば、in three years なら「3年後」という意味です。そして、a bit は「ほんの少し」の意味。つまり、in a bit で「ほんの少し後」の意味になるわけです。

　例えば、友達と会う当日にチャットなどでやりとりしているとします。この後すぐに「確実に会う」ことがわかっているわけなので、メッセージの終わり際に I'll see you in a bit.（また後で会おう）と送ることができます。

　もちろん、文面だけでなく、対面でも使えるので、この後にまたすぐ会うことがわかっている場面で使ってみてください。これは 1 文丸ごとそのまま覚えておかないと、口からとっさに出にくい言葉です。では、声に出して読んでみましょう。

フレーズ 32

▶22:30ごろ

塔に戻ったゴーテルに、ラプンツェルは留守番中に起きたことを話そうとします。

ラプンツェル

Well, Mother,
あのね、お母様、

デアーズ サムセン アイ ウワネァ テオ ユイゥー

**there's something
I wanna tell you.**
話したいことがあるの。

語注 **wanna**：want to の口語の形／**leave**：〜を置き去りにする

ゴーテル

Oh, Rapunzel, you know I hate leaving you after a fight.
ああ、ラプンツェル、口論の後で出かけるのはイヤなのよ。

「話がある」ときの万能フレーズ

　There's something I wanna tell you.（話したいことがあるんだ）は、話を切り出したいときに使えるフレーズ。「言いたいことがあるんだけど」「伝えなきゃいけないことがあるんだけど」「ずっと言わなきゃいけないと思ってたんだけど」など、いろいろな場面で使える表現です。

　「この英語フレーズ＝この日本語」のようにガチガチの日本語訳を結び付けて覚えてしまうと、その日本語訳以外の言葉が頭に浮かんだとき、英語フレーズが口から出にくくなってしまいます。この表現も１つの訳だけに縛られず、広く「言いたいことがある」ときに使ってみてください。

　There's something ～.（～なものがある）は、「～」の部分を変えればさまざまな使い方ができます。There's something I need to show you.とすれば、「見せる必要があるものがある＝見せたいものがある」という意味になります。ちなみにこのフレーズは『モアナと伝説の海』で、モアナの父親が山の頂上にある岩をモアナに見せるシーンでも出てきます（10:20ごろ）。

▶28：20ごろ

塔の中に入ってきたフリンを捕らえたラプンツェル
は、解放するための条件を提示します。

ラプンツェル

**You will act as my guide,
take me to these lanterns,
and return me home safely.**
あなたは案内役として私をランタンの所へ連れていき、
無事に家に帰して。

**Then, and only then,
will I return your satchel to you.**
そうしてくれたら、
そうしてくれたときにだけ、カバンを返す。

That is my deal.
それが取引よ。

フリン

Yeah. No can do.
そうか。それは無理だ。

語注 **satchel**：肩掛けカバン／**No can do.**：（自分には）できない。頼まれごとを断る
口語表現／**simpatico**［スィンペァティコーウ］：気の合う

フリン

Unfortunately the kingdom and I aren't exactly simpatico

エアッ　ダ　モーウメンッ（トゥ）
at the moment ...
残念だけど **ちょうど今**、王国と僕は「いい関係」じゃないんでね……

「今、この瞬間」を表すat the moment

　at the moment（ちょうど今）は、現時点での状況を表すフレーズ。「今は」と強調したいときに使えます。nowの表す「今」は、意外と幅広いですよね。例えば「今、ダイエット中なんだよね」と言う場合、3週間前からダイエットを続けていたとしても「今」と言うと思います。このような場合はnowが使えます。これに対して、at the momentは「ちょうど今だけ、この瞬間だけ」のニュアンスを含みます。

　映画でも同様に、「王宮の人たちとは『今は』仲良くない」というニュアンスを含んでいます。つまり、「普段は仲がいいけど、ちょうど今だけは……」とジョークを交えた言い方です。

　いつもnowを使っていた方はぜひ、「ちょうど今は」という細かいニュアンスをこのフレーズで出してみてください。例えば、She is busy at the moment.（［普段はそうじゃないけど］ちょうど今、彼女は忙しくて……）のように言えますよ。

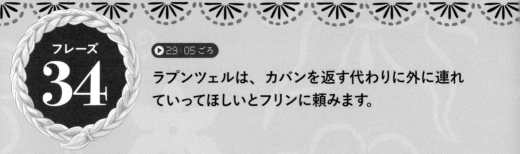

ラプンツェルは、カバンを返す代わりに外に連れていってほしいとフリンに頼みます。

ラプンツェル

You can tear this tower apart brick by brick,
塔のレンガを全部壊したっていい、

but without my help, you will never find your precious satchel.
でも私の助けなしじゃ、大事なカバンは絶対に見つからないわよ。

フリン

レッ ミー ジャスッ ゲッ デス ストゥウェイッ（トゥ）
Let me just get this straight.
話を整理させてくれ。

I take you to see the lanterns, bring you back home,
君をランタンの見える所へ連れていき、家に帰せば、

and you'll give me back my satchel?
カバンを返してくれるのか？

語注 ▶ **tear 〜 apart**：〜をばらばらにする／**brick**：レンガ

話を整理したいときのフレーズ

　Let me get this straight.（話を整理させて）は、話を整理したり、誤解を解いた
りしたいときに使えるフレーズ。〈get＋A＋B〉には「AをBの状態にする」という意
味があります。例えば、I got the job done.（仕事を終わらせた）を〈get＋A＋B〉
に当てはめると、「the job（A）をdone（B）の状態にする＝仕事を終わらせる」と
なります。

　同様に考えると、get this straightは「this（A）をstraight（B）の状態にする＝こ
れを真っすぐの状態にする」となりますよね。そこから、Let me get this straight.は
「話を真っすぐの整理された状態にさせて＝話を整理させて」の意味になります。

　話がゴチャゴチャしてきたときに「話を整理させて」の意味で使えるほか、相手が
自分のことを誤解しているときに「（誤解を解いて）はっきりさせたいんだけど」の
意味でも使えます。映画では、フリンがラプンツェルに対して、取引の内容を整理す
るシーンで出てきますね。

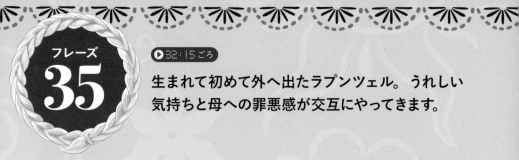

生まれて初めて外へ出たラプンツェル。うれしい
気持ちと母への罪悪感が交互にやってきます。

ラプンツェル

This is so fun!
ものすごく楽しい！

I am a horrible daughter.
私はひどい娘。

I'm going back.
塔に戻るわ。

I am never going back!
もう二度と戻らない！

I am a despicable human being!
私って最低の人間だわ！

ベスッ　デーイ　エヴァー
Best day ever!
今までで最高の日よ！

フリン

You know, I can't help but notice you seem a little at war with yourself here.
ねえ、どうやら君は自分自身と闘っているようだね。

102

語注 **despicable**：軽蔑すべき／**human being**：人間／**can't help but** 〜（動詞の原形）：〜せずにいられない／**at war**：戦争中で

「最高！」な気分のときにぴったり

Best day ever!（最高の日だ！）は、とてもよい日を過ごしたときに使えるフレーズ。best 〜 everは「今までで最高の〜」という意味です。day（日）のほかにも、Best dish ever.（今までで最高のご飯）、Best movie ever.（今までで最高の映画）など、いろいろな単語と組み合わせられます。

仮に「今までで一番」ではなかったとしても、「とてもよい！」と思ったときに気軽に使えます。日本語でも、本当に「今までで一番」でなくても、「今までで一番おいしいご飯だった！」などと言うはずです。そのように「最高！」の言い換え表現として使ってみてくださいね。

フレーズ 36

▶ 42:55 ごろ

衛兵に追われているフリンでしたが、酒場の仲間が逃亡の手助けをしてくれます。

フックハンド

Go. Live your dream.
行け。夢をかなえろ。

フリン

I will.
そうする。

フックハンド

Your dream stinks.
お前の夢は最低。

I was talking to her.
俺は彼女に言ってる。

ラプンツェル

セェアンクス フォー エヴウェセン（グ）

Thanks for everything.
いろいろありがとう。

語注 **live**：～を実現させる／**stink**：ひどいものである、うさんくさいものである

感謝の気持ちをめいっぱい伝えよう

Thanks for everything.（いろいろありがとう）は、お礼を言いたいときに使える
フレーズ。特に「たくさんお世話になったとき」にぴったりです。Thanks for 〜. は
「〜に対して感謝している」の意味。つまり、Thanks for everything. なら「あなたが
してくれたすべてのことに感謝している」となるわけです。

いつもThank you.だけを使っている方は、誰かにと〜ってもお世話になったとき
にこの表現を使ってみてください。映画でも、酒場で自分たちを助けてくれたフック
ハンドに対して、ラプンツェルが「いろいろありがとう」と言うシーンで使われてい
ますね。

魔法の力で手の傷を治してもらったフリンは、自分もすごいパワーを宿せるのかとラプンツェルに尋ねます。

フリン

キェァナイ　エァスキィゥー　サムセン（グ）
So, hey, uh, **can I ask you something?**

あのさ、**聞いてもいいかな?**

Is there any chance that I'm gonna get super strength in my hand?
俺の握力をめちゃくちゃ強くしたりできる?

語注 **gonna**：going to の口語の形

somethingは「具体的な物」のイメージ

Can I ask you something?（ちょっと聞いていい？）は、何か質問があるときに使えるフレーズ。somethingの意味を「何か」と覚えている方も多いのではないでしょうか。もちろん間違いではありませんが、「何か具体的な物」のイメージを持つと、somethingをより使いこなしやすくなるはずです。

Can I ask you something? のsomethingも「何か具体的に聞きたいこと」のイメージで捉えてみてください。もしこのsomethingを「何か」と訳すと、「何か聞いてもいいですか？」となってしまいます。日本語の「何か」は、あいまいで抽象的ですよね。ですが、英語のsomethingは「具体的な物」なのです。

映画の01:08:30ごろには、I have something for you, too.（私もあなたに渡す物があるの）というフレーズも出てきます（p. 108参照）。このsomethingも「何か」ではなく、「具体的に渡したい物」を指しているわけです。

頭の中で明確に「これを聞きたい！」という質問があるときは、ぜひCan I ask you something?を使って相手に質問してみてくださいね。

▶ |:08:30 ごろ

望みをかなえてもらったラプンツェルは、約束ど
おりフリンにカバンを返そうとします。

ラプンツェル

I have something for you, too.
私もあなたに渡す物があるの。

**I should have given it to you before,
but I was just scared.**
もっと早く渡すべきだったけど、怖くて。

**And the thing is,
I'm not scared anymore.**
でもね、大事なことは、今はもう怖くないってこと。

ユィゥー　ノーゥ　ウワライ　ミーンヌ

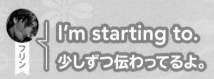
You know what I mean?

言いたいこと、伝わってるかな?

フリン

I'm starting to.
少しずつ伝わってるよ。

語注 the thing is：肝心なのは、要するに

うまく伝わっているか確認したいときに

　You know what I mean?（言いたいこと、伝わってるかな？）は、自分の気持ちがきちんと伝わっているかを確認するフレーズ。「You know（あなたはわかるよね）＋what I mean（私が意味していること＝私が言いたいこと）」という成り立ちです。この表現は、日常会話で非常によく耳にします。上手に使いこなせれば、会話がスムーズに流れますよ。

　言葉でうまく説明できないときや、自分の発言のニュアンスがきちんと伝わっているか知りたいときは、誰にでもありますよね。そのようなときに「うーん……」と無言になってしまわないようにしましょう。You know what I mean?（言いたいこと、伝わってるかな？）と相手に振ると、きっと答えが返ってきて会話が流れるはずです。

　映画では、ラプンツェルがユージーン（フリンの本名）に言うセリフとして「出会ったころはあなたを信用できなくて怖かったけど、今はもう怖くない。この気持ち、わかってくれるよね？」というニュアンスで使われています。

Chapter 4

モアナと
伝説の海

MOANA

『モアナと伝説の海』から、
日常会話で役立つフレーズを見ていきましょう。

日本語訳と英語をガチガチに結ばない！

「この英語フレーズ＝この日本語訳」とガチガチに結んでしまうと、違う日本語が浮かんだときに、その英語フレーズが口から出てこなくなります。**英語の意味は、大きなイメージで捉えましょう。**

例えば、「びっくりしたぁ！」を You scared me! と結び付けたとします。すると、「驚いたぁ！」「びっくりさせないでよぉ！」「もー、ヒヤッとしたじゃん！」といった日本語が浮かんだときに、You scared me! を引っ張り出せなくなってしまいます。**「You scared me!は、驚かされたときに使うんだなぁ」くらいの、大きなイメージで捉える**のです。

そうしていると、次第に「日本語から英語に直すクセ」もなくなってきます。英語学習においては、最終的には日本語を浮かべず、ダイレクトに英語が口から出ることが理想ですよね。そのためには、英語フレーズを大きなイメージで捉えておくことがカギです。慣れるまでは、英語と日本語を結び付けて覚えても大丈夫！ ですが、**「この英語フレーズ＝この日本語訳」と１対１だけの結び付きにはしない**ように注意してくださいね。

フレーズが口から出やすくなるコツ④

南の島にある村モトゥヌイに暮らす少女モアナ。
この村には「サンゴ礁の外に出てはいけない」という掟がありましたが、
幼い頃に海で不思議な体験をしていたモアナは
大海原に出てみたいという思いを募らせていました。
そんなある日、
村に不穏な出来事が起こり始めます。
祖母タラにモトゥヌイの伝承を聞かされたモアナは、
女神テ・フィティに「心」を返せば島を救えると考え、
「心」を盗んだ半神半人のマウイを捜すため海に出ます。

———— キャラクター紹介 ————

モアナ
Moana

モトゥヌイ村の村長
の娘。好奇心旺盛で
海を愛し、海と特別
な絆で結ばれた16
歳の少女

マウイ
Maui

怖い者知らずで自信
家の半神半人。神の
釣り針で自然を操り、
どんな生き物にも姿
を変えられる

タラ
Tala

モアナの祖母。よき
理解者であり相談相
手で、モアナが特別
な少女であると気付
いている

ヘイヘイ
Heihei

モアナが飼っている
ニワトリ。モアナと
一緒に船で旅をする
ことになる

トゥイ
Tui

モアナの父でモトゥ
ヌイの村長。厳しく
頑固な性格で、モア
ナが海に出ることを
止める

テ・フィティ
Te Fiti

海に住む女神。かつ
てマウイに「心」を
盗まれた

この作品に対するそーたの想い

　どの作品にも、主人公とは別にその作品を彩る重要なキャラクターがいます。そーたがこの作品で好きなキャラクーは、なんといってもタラおばあちゃんです。この作品が大好きな理由も、「タラおばあちゃんが出ているから」と言っても過言ではありません（笑）。

　タラおばあちゃんは、モアナの最大の理解者です。彼女がいなければ、モアナは航海の旅に出ることはなかったでしょう。彼女がいなければ、旅の困難に挫折し、航海を続けられなくなっていたでしょう。それほどに、タラおばあちゃんの存在はこの作品において欠かせないものですよね。タラおばあちゃんがエイになってモアナの元へやってくるシーンでは……大号泣です。

　そーたは、おばあちゃんが大好きです。今はもう天国にいますが、おばあちゃんとの思い出はたくさんあります。その思い出が、タラおばあちゃんを見るたびに呼び起こされるのです。

▶04:15ごろ

モトゥヌイの海にまつわる伝説を聞いた後、魔物の絵を目にした子どもたちが恐怖のあまり騒ぎ出します。

子ども

Monsters!
魔物だ！

トゥイ

There's no monsters, no monsters... Ah, hey!
魔物はいない、魔物なんか……。おい、待て！

子ども

It's the darkness.
闇だ。

トゥイ

No, there is nothing beyond our reef, but storms and rough seas.
いや、サンゴ礁の外は嵐と荒波だけだ。

子ども

アイム　ガナ　スウォーウ　アップ
I'm gonna throw up.
吐きそう。

語注 **reef**：岩礁／**but ～**：～以外に／**rough**：荒々しい／**gonna**：going toの口語の形

「吐きそう」と言いたいときのフレーズ

I'm gonna throw up.（吐きそう）は、throw up（嘔吐する、吐く）を使ったフレーズ。throwは「〜を投げる」の意味なので、throw upも「胃から上がってきた嘔吐物を口から投げ出す」のイメージを持つと覚えやすいはずです。

このシーンでは、怖い話を聞いた子どもが怖すぎて「吐きそう」と言っています。日常会話では、体調が悪く「吐きそう」と言いたいときはもちろん、冗談で「吐きそう」と言いたいときにも使えます。

例えば、日本語でも疲れたときに「あ〜疲れた、倒れそう」などと言いますよね。ですが、「本当に倒れる」とは思っていないはずです。同じように、不愉快な話を聞いたとき、おいしくなさそうなご飯を見たときなどに、誇張や冗談で「吐きそう」と言うこともありますよね。そのようなときの「とっさの冗談コトバ」としても覚えておきましょう。

▶ 07:15 ごろ

海の浅瀬で遊んでいたモアナ。しかしモアナの父
トゥイは、それすらも危険だと止めます。

トゥイ

There you are, Moana.
ここにいたか、モアナ。

What are you doing?
何してる？

ユィゥー スケアーッ（ドゥ）ミー
You scared me.
びっくりしたじゃないか。

語注 **wanna's**：モアナの幼児言葉で、正しくはwanna。wannaはwant toの口語の形

118

What? I wanna's go back.
なんで？ 海に戻りたい。

幼いモアナ

「驚いた」「ヒヤッとした」ときに使おう

　You scared me!（びっくりした！）は、何かに驚いた「まさにその瞬間」に使えるフレーズ。モアナの姿が見えず心配した父が、海で１人で遊ぶモアナを見つけて言うセリフです。「びっくりしたよぉ」「驚かさないでよぉ」のニュアンスで使います。誰かにハッと驚かされたときに使ってみてください。

　誰かに「わっ！」と驚かされたときはもちろん、ヒヤッとさせられたときにも使えます。例えば、同僚に「あっ、データ消しちゃったかも！ ごめん、やっぱり消えてなかった！」と言われたとします。「自分が作った書類を消された!?」と思うと、ヒヤッとしますよね。そのようなときにもYou scared me.で「びっくりしたじゃん……」のニュアンスを伝えられます。モアナの父も、モアナにヒヤッとさせられたときに言っていますね。

　直訳すると「あなたは私を怖がらせた」と堅い響きに聞こえるため、相手を責めているように感じるかもしれませんが、そのようなことは全くありません。「びっくりしたぁ」のリアクション表現として、このまま覚えましょう。

　ちなみに、I was scared.と言うと「私は恐怖心でいっぱいだったんだ」という深刻な響きになります。大勢の前で発表を控え、足がガクガク震えるほど怖かった……。その場合はI was scared.がぴったり。「あー、びっくりした！」という瞬間的な驚きはYou scared me.です。

フレーズ **41**

▶29：35ごろ

瀬死の状態にある祖母のタラは、心配するモアナの手を握り「行け」と促します。

タラ

Go.
お行き。

モアナ

ナッ　ネェアーウ
Not now. I can't.
今は無理だよ。 行けない。

タラ

You must! The ocean chose you.
Follow the fish hook.
行きなさい！　お前は海に選ばれた者。釣り針を追って。

語注 **fish hook**：釣り針

「タイミングが悪い」ことを伝えるフレーズ

　Not now.（今は無理だよ）は、「今はタイミングが悪い」と伝えるときのフレーズ。モアナのおばあちゃんは自身が危篤状態にも関わらず「モアナ、島を救うために行きなさい」と言います。そしてモアナが「おばあちゃんの具合が悪い今は行けないよ」と言うときに出てくる表現です。

　日常会話でも「今は無理」「今はできない」「今じゃない」と言いたいときに使ってみてください。例えば、そーたがよく使うのはDo you have time now? Can we talk?（今、時間ある？話せるかな？）などと言われて、Sorry, not now.（ごめん、今は無理）と返答するシーンです。sorry（ごめん）とあわせて使うと、柔らかいニュアンスになりますよ。

　また、テキストメッセージなどでCan I call now?（今、電話してもいい？）と聞かれてNot now.（今は無理だぁ）と返すこともあります。このように、メッセージなどの「文字」でも使いやすい表現なので便利ですよ。

モアナはマウイに海の渡り方を教えるよう頼み、
彼の教えを学んでいきます。

マウイ

**If the current's warm,
you're going the right way.**
海水が温かければ、正しい方向に向かってる。

モアナ

It's cold.
冷たい。

Wait, it's getting warmer.
待って、温かくなった。

Aah!

デェアリズ　デスガステェン（グ）
That is disgusting!
あっ！　**気持ちわるっ！**

What is wrong with you?
何を考えてるの？

語注　**current**：潮流

「気持ちわるっ!」と言いたいときに

That's disgusting!（気持ちわるっ!）は、不快感を表すフレーズ。「吐き気がしそうなくらい気持ち悪い」というニュアンスです。映画では、マウイが海におしっこをしたと気づいたモアナがこのフレーズを言いますよね。

日常会話でも「何か気持ち悪いもの」を見たとき、聞いたとき、食べたときなどに使えます。外国人はよく納豆をThat's disgusting!と表します。彼らにとっては、あのネバネバ感、香りなどが苦手なようです。このように、「うっ、気持ちわるっ!」と自分なりに感じたときに使ってみてください。会話ではDisgusting!とだけ言うこともありますよ。

モアナたちは、マウイがなくした釣り針を持つと
いうタマトアがいる島にたどり着きます。

モアナ

Lalotai? Realm of monsters?
ラロタイ？　魔物の国？

We're going to the realm of monsters?
私たち、魔物の国へ行くの？

マウイ

We? No. Me.
私たち？　違う。俺が行く。

You are gonna stay here with the
other chicken.
お前はもう1匹のチキンと残れ。

デェアッツ　ウワライム　ターケンネェアベェアウッ(トゥ)
That's what
I'm talking about.
それが言いたかったことだ。

語注 **Lalotai**：海底にある魔物の国／**realm**：王国／**gonna**：going toの口語の形／
chicken：「ニワトリ」と「臆病者」の二重の意味

「そこがポイント！」と確認するフレーズ

　That's what I'm talking about.（それが言いたかったことだ）は、「そこが会話の要点！」と言いたいときに使えるフレーズ。うまく自分の言いたいことをまとめられないことや、自分の要点を相手が理解してくれないことは、誰にでもありますよね。そのようなとき、会話の相手が「つまり、○○と言いたいの？」と、まとめてくれたとします。そこでYeah! That's what I'm talking about.（そう！ それが言いたかった）と言うと、会話の要点を相手と共有できます。

　「会話の要点が出た！ 言いたいことはそれだよ！」という瞬間に出くわしたときには、このフレーズを使ってみてください。スムーズに会話が進んでいくはずです。

　映画では、マウイがモアナに対して「お前はもう１匹のチキンとここで待ってろ！ それが俺の言いたいことだ！」と言うシーンで出てきます。英語でchickenは「ニワトリ」のほかに「臆病者」の意味もあります。つまり、モアナを臆病者のchickenと言っているわけですね。「もう１匹のチキン」はニワトリのヘイヘイを指しています。

ラロタイでカニの怪物であるタマトアに捕まり、食べられそうになるモアナ！そこへマウイが駆け付けます。

マウイ

Hey, crab cake!
おい、カニコロッケ！

アイム　ベェアック

I'm back.

戻ったぜ。

It's Maui Time!
マウイ・タイムだ！

What do you say, little buddy?
どうする、相棒？

Giant hawk? Coming up!
巨大なタカに？　了解！

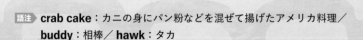

語注 **crab cake**：カニの身にパン粉などを混ぜて揚げたアメリカ料理／
buddy：相棒／**hawk**：タカ

「戻ってきた」ときの定番フレーズ

　I'm back.（戻ったよ）は、自分がどこかの場所から戻ったときに使えるフレーズです。「不在の場所に戻ってきた」場面であれば、さまざまな相手に使えます。

①商談相手に：打ち合わせ中にお手洗いなどで席を外し、戻ってきたとき
②友人に：電話中に宅配便が来たため通話を保留にし、戻ってきたとき
③家族に：外出から帰宅し、家に戻ってきたとき
④同僚に：育休などで会社を休み、復帰して戻ったとき

　上の例ではすべてI'm back.で「戻ったよ！」「ただいま！」のニュアンスを伝えられます。

　映画では、マウイの力が最大限に発揮できる「釣り針」を手にしたマウイがI'm back.と言うシーンで使われています。ここでも「釣り針がなく、力を失っていたマウイはもういない！最強のマウイ復活！戻ってきたぞ！」のニュアンスが込められていますね。

フレーズ **45**

▶ 1:05:50 ごろ

タマトアから逃れることに成功したモアナ。海辺で上半身だけサメに変身したマウイと対面します。

マウイ

I'm sorry. I'm trying to be sincere for once, and it feels like you're distracted.

あのな。たまにはマジメに話してんのに、お前は聞いてないみたいだ。

モアナ

No, no. No way!

ううん。まさか！

マウイ

Really? Because you're looking at me like I have a... shark head.

本当か？　だってお前のその目はまるで俺が……サメ頭みたいだ。

モアナ

What? Do you have a shark head?

えっ？　サメ頭なの？

語注 **sincere**：誠実な、真剣な／**for once**：1度だけ／**be distracted**：気が散っている／**no way**：とんでもない、まさか／**whatever**：何でも（いい）／

マウイ

ダ ポインネズ

Look, the point is... for a little girl, child, thing, whatever... who had no business being down there... you did me a solid.

あのな、言いたいことは

……まだ小娘で、ガキで、まあ
何でもいいけど……あそこに何
の関係もないお前が……俺を助
けてくれた。

ごちゃごちゃした話をまとめるときに

　The point is ～ .（言いたいことは～だ）は、自分の言いたいことの要点をまとめるときに使えるフレーズ。このpointは「話の要点、主旨」という意味です。説明がうまくまとまらず、話がごちゃごちゃしてしまったときに「つまり、言いたいことは……」のニュアンスで使ってみてください。

　〈The point is（that）＋文.〉の形で使います。このように、thatは会話では省略されることが多いです。例えば、I think（that）it is important.（それは大切だと思う）のように、皆さんがよく使うI thinkの後ろにもthatは存在します。thatは省略してもしなくても、どちらでも問題ありません。

　大切なのは、「thatの後ろには必ず文の形が続く」ということです。文とは〈主語＋動詞〉が含まれている形のことです。I think（that）it is important.の文章もthatの後ろにit（主語）とis（動詞）が含まれていますね。同様にThe point is（that）～ .を使う場合も、その後に「文」の形を続けることを忘れないようにしましょう。

have no business：関係がない／**solid**：親切、手助け

フレーズ **46**

▶1:07:30ごろ

モアナはマウイの体に彫られているタトゥーに
ついて、あれこれ尋ねます。

モアナ

How do you get your tattoos?
タトゥーはどうやって入れるの？

マウイ

They show up. When I earn them.
自然に現れる。それを得たときに。

モアナ

How'd you earn that one?
それはどうやって得たの？

ウワッツ　デェアッ　フォー？
What's that for?
何のためにあるの？

語注 ▶ **show up**：現れる／**earn**：～を得る／**How'd**：=How did

130

「目的・理由」や「使用方法」を尋ねるフレーズ

　What's that for?（それは何のためにあるの？）は、物の「目的・理由」「使用方法」「意味」などを聞くときに使うフレーズ。What is ～ for?の形で「～は何のためにあるの？」という意味になります。whatが文頭、forが文末にくるのがポイントです。

　例えば、ベランダに本を置いている友人がいるとします。普通はベランダに本は置かないですよね。そこでWhat is the book for?（その本は何のためにあるの？）と尋ねると、本の「目的・理由、使用方法」を聞けます。「ベランダで本を読むため？」「本を踏み台にするため？」「本を布団たたき代わりに使う？」など（笑）、本がある理由を聞くことができます。映画では、マウイの体にあるタトゥーの意味について、モアナが尋ねるときに出てくる表現です。「このタトゥーは何のためにあるの？」と、モアナが聞いているわけですね。

　What is the book for? やWhat is the tattoo for? のように、What is ～ for?の「～」に具体的な単語を当てはめて使うこともできます。ですが、実際の会話で使えるようにするには、なるべく「そのまま使える形で覚えておく」ことがオススメです。What's that for?（それは何のためにあるの？）の形で覚えておけば、幅広い場面でそのまま使えます。なぜなら、あとは「聞きたい物」を指差せばいいだけだからです。このような「要領のいい暗記の仕方」が、英会話を上達させるコツです。

▶ 1 : 19 : 05 ごろ

エイとなってモアナの元に来たおばあちゃんの魂。
モアナは泣きながらおばあちゃんに駆け寄ります。

モアナ

Gramma! I tried,
Gramma. I... I couldn't do it.
おばあちゃん！　私、頑張ったよ。でも、できなかった。

タラ

エッツ　ナッ　ヨアー　ファオッ(トゥ)
It's not your fault.
お前のせいじゃない。

I never should have put so much on
your shoulders.
お前にあれほどの重荷を背負わせるべきではなかった。

If you are ready to go home...
I will be with you.
家に帰るつもりなら……私も一緒に行くよ。

語注 **never should have** 〜（動詞の過去分詞）：〜すべきではなかった

「あなたのせいじゃない」と慰めるときに

　It's not your fault.（あなたのせいじゃないよ）は、相手を慰めるときに使えるフレーズ。faultは「ミス、過ち」を表す単語です。It's not your fault.で「それはあなたのミスじゃないよ＝あなたのせいじゃないよ」と言うことができます。

　映画では、「頑張ったけど、うまくいかなかった」と落ち込むモアナに対して、おばあちゃんが言うセリフですね。おばあちゃんが大好きなそーたにとっては、号泣シーンです（笑）。

　日常会話でも、誰かが失敗して落ち込んでいるときや、自分を責めているときなどに使ってみてくださいね。反対に、It's my fault.（自分のせいだ）と言いたい場合もあるかもしれないので、こちらも頭に入れておきましょう。

Chapter 5

ズートピア

ZOOTOPIA

『ズートピア』から、
日常会話で役立つフレーズを見ていきましょう。

頭の中でフレーズに優先順位をつける！

「どういたしまして」と、英語で言いたいとします。調べるとYou're welcome. / No problem. / Don't mention it. / My pleasure.と、いろいろなフレーズが出てくるはずです。これらを全部覚えようとしていませんか？ あるいは、「へ～、こんな言い方もあるんだぁ」と目を通すだけで終わっていませんか？ 大切なのは、「**頭の中で優先順位をつけ、どれか1つに絞って覚える**」ことです。

「No problem.の発音がカッコイイから、自分はこれを使おう！」のように、使うフレーズを1つに絞りましょう。最初はこのような決め方でOKです。**頭の中で「これが最優先フレーズ」と指定して、すぐに口から出る場所に置いてあげる**のです。そーたはこれを「頭の中で最優先フレーズを先頭に置く」と名付けています。

　フレーズに優先順位をつけず、かつ大量に頭に入れてしまうと、とっさの会話で結局どれも口から出てきません。**フレーズは量より質。大量にただ暗記するだけでは、頭の中がごちゃごちゃになって使いこなせないのです。**まずは1つの場面につき、1つの最優先フレーズを設定！ それが完全に使いこなせるようになったら、第2優先フレーズを追加！ こうして、語彙力は着実に上がっていきます。

フレーズが口から出やすくなるコツ⑤

───── あ ら す じ ─────

「立派な警察官になって世界をより良くしたい」と願うウサギのジュディ。
過酷な訓練に耐えて警察学校を卒業し、
肉食動物と草食動物が共存する大都会「ズートピア」にやって来ます。
ところが、タフな動物ばかりの警察で
重要な任務を与えられず落ち込むジュディ。
そんな折に動物たちの連続行方不明事件が発生し、
ジュディは捜査に名乗りを挙げます。
夢を忘れた詐欺師のキツネ、ニックと手を組み、
必死の捜査を続けるジュディですが……。

───── キ ャ ラ ク タ ー 紹 介 ─────

ジュディ・ホップス
Judy Hopps

バニーバロウ出身の新米警官のウサギ。ズートピアで立派な警官になるため奮闘する

ニック・ワイルド
Nick Wilde

ズートピアを知りつくす情報通で、詐欺師のキツネ。ジュディの捜査にしぶしぶ付き合う

クロウハウザー
Clawhauser

警察署の受付を担当するチーター。新人にも気さくに話しかけるフレンドリーな性格

ボゴ署長
Chief Bogo

ズートピア警察署長で、厳しくて頑固なスイギュウ。ジュディの能力を認めずつらく当たる

ライオンハート市長
Mayor Lionheart

市長のライオン。「誰でも何にでもなれる」という、市のスローガンを作った

ベルウェザー
Bellwether

副市長のヒツジ。ジュディを小さな動物の誇りと思い、何かと気遣う

ボニー＆スチュー
Bonnie & Stu

ジュディの両親。大都会で暮らすジュディを心配している

オッタートン夫人
Mrs. Otterton

カワウソ。失踪事件に巻き込まれた夫のエミットを必死で捜している

この作品に対するそーたの想い

　　かわいい動物のキャラクターがたくさん登場するこの作品ですが、裏に設定されたテーマはとてもシリアスです。現代社会を生きる私たちが考えるべき大切なメッセージが隠されているように感じます。

　　肉食動物と草食動物が共存する「ズートピア」は一見、誰もが平等に平和に暮らせる世界に見えます。ですが、実際は「肉食動物は危険だ」という固定概念にとらわれている動物がいたり、「草食動物は弱い」と見た目で決めつけてしまう動物がいたり……。動物たちが心の奥に秘めているほかの動物への偏見が、ちょっとしたきっかけで浮き彫りになります。

　　それが、現代社会における「人種差別」を暗に示しているようにも感じられるのです。本当の意味での「平和」と「差別のない社会」を作るためには、何が必要なのでしょうか？　そんなことを考えさせられる作品です。

幼いジュディ

ベェアック　デン
Back then, the world was divided in two.

その当時、世界はまっぷたつ。

Vicious predator... or meek prey.
どう猛な肉食動物か……おとなしい草食動物。

But over time, we evolved.
でも時が経ち、私たちは進化した。

And moved beyond our primitive, savage ways.
そして原始的で野蛮なやり方から脱したのです。

Now, predator and prey live in harmony.
今や、肉食動物と草食動物は仲良く共存。

語注 vicious：どう猛な／ predator：捕食者／ meek：おとなしい／ prey：獲物／
evolve：進化する／ primitive：原始的な／ savage：野蛮な／ in harmony：仲良く

昔の話をするときに使おう

back then（その当時）は、過去にさかのぼって説明するときに使えるフレーズ。back（さかのぼって）とthen（その時に）がつながって、back then（その当時は）になります。昔の話をするときに使うと、スムーズに説明ができますよ。映画中でも、「その当時、世界はまっぷたつ」のセリフで使われていますね。

Back then, I was a student.（その当時は学生だったんだ）や She was in Japan back then.（その当時、彼女は日本にいたんだ）のように、back thenは文の頭にも最後にも置くことができます。

「その当時は」と聞くと、at that timeが浮かぶ方も多いのではないでしょうか。もちろん、at that timeを使っても問題ありません。ですが、英語の語彙力を広げるコツは「違う表現も少しずつ使ってみること」です。つい、口から出てきやすい慣れた表現を使いがちになると思いますが、語彙力を広げたい方は、違う表現を使う努力もしてみてくださいね。とはいえ、慣れるまでは自分が使い慣れた表現で全く問題ありません。この方法は、語彙力を広げたくなったときに実践してください。

▶ 08：45ごろ

警察学校を無事卒業し、ズートピア警察署に配属されたジュディ。駅に見送りに来た両親は、娘のことを心配します。

ボニー

Remember what happened with Gideon Grey?

ギデオン・グレイと何があったか覚えてるでしょ？

ジュディ

When I was nine.

あれは9歳の時よ。

Gideon Grey was a jerk who happened to be a fox.

ギデオンはたまたま、キツネの姿をした悪党だったってだけ。

I know plenty of bunnies who are jerks.

ウサギの悪党だってたくさん知ってる。

スチュー

Sure, yeah, we all do. Absolutely.

ああ、誰だってそうさ。確かにな。

ジャス　エン　ケイス

But just in case ... we made you a little care package to take with you.

でも **念のため** ……ちょっとした荷物を用意した。

142

語注 **jerk**：愚か者／**happen to be** ～：たまたま～である／**care package**：親しい相手に送るささやかな小包／**take** ～ **with** ...：…（人）が～を持っていく

「念のため」を表す just in case

just in case（念のため）は、用心したいときに使えるフレーズ。ジュディの両親が「念のため、（キツネ対策のための）荷物を用意したよ」と言うシーンで出てきます。

just in caseは文頭と文末のどちらにも置くことができます。文末に置く場合は、I'll bring some water just in case.（念のため、お水を持ってくるね）のようになります。

また、just in caseのフレーズだけでリアクションとして使うこともできます。例えば、Why did you bring the water?（なんでお水を持ってきたの？）と聞かれたとします。そのようなときに Just in case!（念のため！）と答えることができるわけです。

このように、フレーズが会話の中でどのように使われるのかを確認しておくことも、実際に会話で使いこなすためには大切ですよ。

▶ 16:10ごろ

ズートピア警察署に初出勤したジュディ。肉食の
哺乳動物14匹が行方不明となる事件が発生中で
すが、ジュディは捜査を任されません。

ジュディ

Sir, you said there were 14 missing mammal cases.
哺乳動物が14匹も行方不明なんですよね。

ボゴ署長

So?
それがどうした?

ジュディ

アイ　キャエン　ヘェァンドォー　ウワンヌ
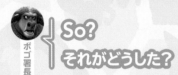
So, I can handle one.
私も1件、対処できます。

語注 ▶ **missing**：行方不明の／ **mammal** ［メェァモー］：哺乳動物／ **case**：事件

144

「私に任せて！」と言いたいときに

I can handle it.（私が対処するよ）は、自分がその問題に対処できるときに使えるフレーズ。handleには「〜を対処する」の意味があります。日本語で「対処する」と聞くと、少々堅いイメージがありますよね。ですが、handleはくだけた場面でも使われ、「私がその問題、片付けとくよ！」「やっとくよ！」といったニュアンスです。

自分が問題を解決するためのハンドルを握っているイメージを持ってみてください。I can handleは、その握ったハンドルを動かし、自分でうまく操作できる状態です。

「それ、私がやっとくよ！」「私が片付けとくよ！」「私なら対処できるから任せて！」という気持ちを相手に伝えたいときに使ってみましょう。映画でも、「私も1件、（事件に）対処できます」とジュディが言うシーンで使われていますよね。映画ではI can handle one.ですが、会話でよく使う形はI can handle it.なので、こちらで覚えておきましょう。

▶ 19:35ごろ

怪しいキツネを追ってアイスクリーム店へ入った
ジュディは、横暴なゾウの店員に話しかけます。

アイス屋の店員

**Hey, you're gonna have to wait your
turn like everyone else, meter maid.**
おい、ほかの客と同じように並んでくれよ、切符切りの姉
ちゃん。

ジュディ

Actually, I'm an officer.
実は私、警官なの。

Just had a

クウェック　クエスチェン

quick question.
手短に質問させて。

**Are your customers aware
they're getting snot and
mucus with their cookies
and cream?**
お客は知ってるのかな、この店のクッキー
アンドクリームは鼻水まみれだって。

語注 **gonna**：going toの口語の形／**meter maid**：女性の駐車違反監視員／**officer**：
警官／**be aware**：気づいている／**snot**：鼻水／**mucus**：鼻などから出る粘液

手短に質問するときに使おう

　Quick question!（手短に質問！）は、パパッと質問をしたいときに使えるフレーズ。「素早い質問」が直訳ですが、つまり 素早くパパッと手短に終わる質問 ということです。日常会話でも、とてもよく使われる表現です。

　映画では、「ちょっと手短に聞きたい質問があるんだけど……」というニュアンスのため、just had aを足してJust had a quick question.と言っています。ですが、実際の日常会話ではQuick question!だけで使われることが大半です。

　相手も自分もあまり時間がなく、「早く質問を終わらせないといけない！」というときに使ってみてください。急いでいる相手も、「手短に終わるなら」と質問に答えようとしてくれるはずです。

52

▶ 25:40 ごろ

実は詐欺師だったキツネのニック。彼はジュディに、夢よりも現実を見るよう話します。

ジュディ

I'm not a dumb bunny.
間抜けなウサギじゃない。

ニック

Right. And that's not wet cement.
そうか。ならそこはセメント塗り立てじゃないな。

You'll never be a real cop.
本物の警官にはなれないよ。

You're a cute meter maid, though.
でもキュートな違反切符係だぜ。

Maybe a supervisor one day.
いつか主任にはなれるかもな。

ヘェアングンネアー
Hang in there.
あきらめずに頑張れよ。

語注 **dumb**：バカな／**that's not wet cement**：（「間抜けなウサギじゃない」と言うなら）それは塗り立てのセメントじゃない（と言える）／**supervisor**：監督者

「頑張って」と励ますときのフレーズ

　Hang in there.（あきらめずに頑張って）は、誰かを励ましたいときに使えるフレーズ。「頑張って」というニュアンスです。「頑張って」という意味の英語フレーズはほかにもいろいろありますが、それぞれに微妙なニュアンスの違いがあり、状況によって使い分ける必要があります。例として、Good luck.（うまく行くことを願っているよ＝頑張って）、Go for it.（目標に向かってやってみなよ＝頑張って）もよく使う表現です。

　Hang in there.は、「今、頑張っていることをあきらめるな！やめるな！」のニュアンスを含みます。hangには「ぶら下がる」の意味があり、hang in thereで「そこから落ちずにぶら下がり続けて」の意味になるからです。どこか高い場所にぶら下がっているイメージを想像してみましょう。「そこにつかまったまま落ちない」が、hang in thereのイメージです。

　ですから、日常会話でも「あきらめずに頑張って！」「踏ん張って！」の気持ちを込めたいときにこのフレーズを使います。映画では、このシーン25:40と42:00あたりの２カ所にこの表現が出てきます。どちらのシーンでも「あきらめずに頑張って」のニュアンスが感じられて、頭に残りやすいはずですよ。

▶27:20 ごろ

帰宅したジュディに両親から電話が。仕事の様子をあれこれ聞かれ、ジュディは疲れを感じます。

スチュー

Meter maid! Meter maid!
違反切符係！　切符係だ！

ジュディ

Dad. Dad. Dad!
パパ。パパ。パパったら！

You know what?
It's been a really long day.
あのね、今日はすごく疲れたの。

I should really...
私、本当に……

ボニー

That's right, you

ゲッ　サム　ウェスッ(トゥ)
get some rest.
そうよね、ゆっくり休んで。

語注 **it's**：=it has

休息を促すときに使ってみよう

　Get some rest.（ゆっくり休んで）は、頑張っている人や疲れている人に「休んでね」と促すフレーズ。映画では、最悪な1日を過ごしたジュディに、両親が電話でこのフレーズを言います。you（あなたが）のニュアンスを強調するため You get some rest.と言っていますが、日常会話ではGet some rest.だけで使うことが多いです。

　ちなみに、someは「いくつかの」と学校で習ったと思いますが、「いくつかの」とは訳せない場合もよくあります。Can I get some water?（お水をもらえる？）、Get some sleep.（寝ておいでよ）、Can I get some help ?（手伝ってもらえる？）などなど。しいて訳すなら、「ちょっと」がわかりやすい気がします。日本語でも「ちょっとお水もらえる？」「ちょっと寝ておいでよ」「ちょっと手伝ってもらえる？」と言いますよね。

　ですが、あまり無理に訳したり、理論的に理解したりしようとせず、「このフレーズはこういう形で使われるんだなぁ」「この単語にはsomeが付きやすいんだなぁ」のように感覚的に覚えることも大切ですよ。

▶ 32:25 ごろ

行方不明の夫を探してほしいと懇願するカワウソのオッタートン夫人の前で、ジュディは自ら依頼を引き受けます。

ジュディ

I will find him.
私が彼を見つける。

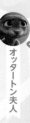
オッタートン夫人

Oh! Thank you.
まあ！　ありがとう。

Bless you. Bless you, little bunny. Oh.
感謝するわ、ウサギさん。ああ。

テイク　デス
Take this. **Find my Emmitt.**
これを持っていって。エミットを見つけて。

Bring him home to me and my babies, please.
私と子どもたちの所へ彼を連れ戻して。

語注 **Bless you.**：＝May God bless you.（あなたに神のご加護がありますように）。感謝を表す言葉／**Emmitt**：オッタートン夫人の夫

「これを持っていって」と言いたいときに

Take this.（これを持っていって）は、「相手に何かを渡してその人に持っていてほしいとき」に使うフレーズ。takeには「取る」の意味があり、Take this.を直訳すると「これを取って」となります。映画では、オッタートン夫人が行方不明の夫の写真をジュディに渡すシーンで登場します。夫人はジュディに、この写真を持っていって捜査の助けにしてほしかったのでしょうね。

日常会話でも、誰かに物を渡して「これ、持ってて！」「これ、持っていって！」と言いたいときに使ってみてください。もし相手に「これはいらないよ」と言われてしまっても、No, take this!（いや、いいから持っていって！）と言えば、相手はきっと受け取ってくれるでしょう。pleaseを加えてTake this, please.とすれば、より柔らかいニュアンスになりますよ。

▶ 33:35 ごろ

ジュディの勝手な申し出に怒ったボゴ署長ですが、
条件を付けて捜査を許可します。

ボゴ署長

I will give you 48 hours.
お前に48時間やる。

ジュディ

Yes!
やった！

ボゴ署長

That's two days to find Emmitt Otterton.
2日でエミット・オッタートンを捜せ。

ジュディ

Okay.
了解。

ボゴ署長

But, you strike out, you resign.
だが、失敗したら辞職だ。

ジュディ

Oh! Uh... Okay.
えっ！　ああ……はい。

ディーオ
Deal!
決まり！

ジュディ

語注 **strike out**：失敗する／**resign**：辞職する

取引が成立したときのDeal!

　Deal!（決まり！）は、交渉していて話がまとまったときに使える表現。カジュアルな会話でも何かが決まったときに使えますが、注意点が1つあります。それは「相手と交換条件での取引をしたとき」に使えるということです。dealには「取引」という意味があり、Deal!は「取引成立＝決まり！」というイメージです。

　映画でも、「行方不明者を私に捜査させてください」と申し出るジュディに対して、「48時間以内に見つけられなければ辞職しろ」と署長が条件を提示しています。ジュディが受け入れて交換条件が成立したため、Deal!（決まり！）と言っているわけです。

　日常会話でも、A: Go get some coffee.（コーヒー買ってきて）→B: No!（やだ！）→A: I'll give you 500 yen.（[行ってくれたら]500円あげるから）→B: Deal!（決まり！）のような会話の流れで使えます。

▶ 36:50 ごろ

ニックの弱みを握ったジュディは、行方不明事件の手がかりを知る彼を捜査に連れ出します。

ジュディ

Great. Let's go.
よし。行こう。

ニック

It's not exactly a place for,
uh... a cute little bunny.
かわいいウサちゃん向けの場所じゃないぜ。

ジュディ

Don't call me cute.
「かわいい」はやめて。

グレンナ　カー
Get in the car.
車に乗って。

誰かと車に乗るときに使ってみよう

　Get in the car.は「車に乗って」と促すときに使えるフレーズ。「乗る」を表すフレーズはいくつかありますが、車に乗るときはget inを使います。get in the car（車に乗る）とひとかたまりで覚えておくと、とっさの場面でもパッと口から出せるはずです。

　フレーズが頭に残りやすくなる方法の１つとして、「音で覚える方法」もあります。無意識のうちに頭に残っている曲の歌詞ってありますよね？ 同じように、「聞いた音のまま」でフレーズを覚えるのも効果的なんです。特にGet in the car.は「ゲレンナカー」のようにひとかたまりで発音できるので、音が頭に残りやすいはずです。

　ちなみに、映画では「ゲッ エンナ カー」とgetのtを消して発音しています。この発音でも問題ありませんが、実際の会話では「ゲレンナ カー」と発音することが多いと思います。getのtがinのiとくっ付き、get in（ゲレン）という発音になるのです。tは、うしろに母音が続くと「ラ行」に変化するという仕組みです。

▶37:00 ごろ

ニックは、気が進まないながらもジュディに従い
車に乗り込みます。

ジュディ

Don't call me cute. Get in the car.
「かわいい」はやめて。
車に乗って。

ニック

Okay. **You're the boss.**
ユアー ダ バス
了解。**あんたに従うよ。**

「君に従うよ」と言うときのフレーズ

　You're the boss.（君に従うよ）は、相手の言うとおりにするときに使えるフレーズ。直訳すると「あなたが上司だ」という意味です。基本的に「上司の言うことは絶対」ですよね。そこから派生して「あなたの言うとおりにするよ＝従うよ」の意味になります。日常会話でもしばしば聞く表現です。

　映画でも、ずっと反発していたニックがジュディに「わかった、従うよ」と伝えるシーンで使われています。この場合、心から素直に従っているというよりは「ハイハイ、あなたの言うことが絶対だもんね〜。どうせ俺は断れないんだろ〜」といったイヤミも含まれていると思います。ニックは終始、ジョークやイヤミを言っているキャラクターですからね。

　このように、You're the boss.には若干イヤミっぽいニュアンスが含まれる場合もあります。日本語で言うなら「君がボスだもんね」という感じでしょうか。ですから、友人との間でジョーク混じりに言うのが無難かもしれません。例えば、「ランチにパスタが食べたい！」と言い張る友人に対してOK, you're the boss.（［君はいつも食べたいと言ったら聞かないから（笑）］仰せのとおりに」という感じです。もちろん、イヤミを含まずに言う場合もありますよ。

フレーズ 58

▶57:10ごろ

ボゴ署長に「クビだ」と告げられたジュディを、
意外なことにニックがかばいます。

ニック

You gave her the 48 hours, so,
約束は48時間だから、

テクネカェアリー

technically, we still have…

10 left to find our Mr. Otterton…
厳密には、まだ……
オッタートンを見つけるまで10時間ある。

and that's exactly what we're gonna do.
必ず見つけてみせるからな。

160　　語注 **gonna**：going toの口語の形

「厳密には」と細かく説明を加えるtechnically

technically（厳密には）は、何かを細かく正確に説明するときに使える表現。単語帳などではよく「technically: 厳密に」などと訳語が付いていますが、これだけでは実際の会話で使いにくくないでしょうか？ その理由として、①会話の流れを想定できていないから、②そもそも「厳密には」の日本語のイメージが浮かんでいないから、という2つが考えられます。

まず、日本語で「厳密には」という言葉はどのような場面で使うでしょうか。例えば、「何人家族？」と聞かれて「4人！ あ、厳密には4.5人かな？ 犬もいるから（笑）」と答えたとします。「厳密には」という言葉は、こんなふうに「何かに情報を補足して、より細かく正確に説明したいとき」に使われますよね。

このように英単語によっては、①会話の流れを想定して、②日本語の意味からしっかり理解する必要があるものもあります。このステップを踏むことで「使える英会話フレーズ」になります。理屈ぬきで感覚的に覚えられるものはそのまま覚え、理論的に覚えたほうがいいものは理論的にインプットしてみましょう。

映画でも、ニックが「48時間の約束なら……厳密には、まだ10時間残ってるね」と「細かく正確に」説明するシーンで使われています。この会話の流れをイメージしながら、フレーズをインプットしてみてください。

ジュディとニックはヒツジのベルウェザー副市長に交通カメラの映像を見せてもらいます。

ニック

So **fluffy**！
フラッフィー

超 **フワッフワ**！

ジュディ

Hey!
ちょっと！

ニック

Sheep never let me get this close.
ヒツジとこんなに近づけることなんてない。

語注 **close**：近い

162

「フワッフワ」なものに使ってみよう

fluffy（フワッフワ）は、何かがフワッフワで柔らかい状態を表します。日常会話で意外と使う場面が多い語です。「フワッフワのクッション」「フワッフワのケーキ」「フワッフワの犬」など、「これ、フワッフワ！」と言いたいときに使ってみましょう。

fluffy（フラッフィー）という発音からして、フワッフワ感がありませんか？ フラッフィー、フワッフィー、フワッフワ……（少々無理やり）。映画のシーンに出てくる「ヒツジの頭」も、とってもfluffyですよね！ この「音のイメージ」や「映像のイメージ」から、きっと皆さんの頭にこの単語がインプットされたはずです。フレーズを頭に残しやすくするためには、音や映像、画像なども駆使しましょう。

Chapter
6

美女と野獣

BEAUTY AND THE BEAST

『美女と野獣』から、
日常会話で役立つフレーズを見ていきましょう。

フレーズが口から出やすくなるコツ⑥

インパクトを最大限に使ってインプット！

　フレーズを「文字として」ただ暗記するだけでは、頭に残りにくいですよね。何事も強烈なインパクトがあれば記憶しやすいと思います。ハワイで見た花火の景色……お笑い芸人さんの一発芸のセリフ……これらは、覚えようとしていなくても頭に残るはずです。強烈なインパクトがあるからです。

　となれば、**フレーズも「自分で強烈なインパクトを作って覚えればいい」**のです。オススメの方法の1つが、「音と一緒に記憶する」ことです。フレーズをただ文字として見るだけでなく、「音として聞く」のです。そして聞こえる音のまま、モノマネして声に出す！これも「自分で作れる強烈なインパクトの1つ」です。ディズニー映画は、特にそれを実践しやすいですよね。

　ほかに、**インターネットの検索欄に単語やフレーズを打ち込み、「画像」ボタンを押してみるのもオススメ**です。その言葉から連想される画像が表れるので、その視覚的イメージと一緒に記憶できます。単語やフレーズの微妙なニュアンスも理解しやすく、頭に残りやすくなります。試しに、「汚い」を表すmessy、dirtyをそれぞれ検索してみてください。強烈なインパクトの画像に出会えるかも!?

フランスの田舎町に住むベルは、
読書と空想が好きな、父親思いの娘。
うぬぼれ屋の青年ガストンからの求婚にうんざりしています。
恐ろしい野獣の城でとらわれの身となってしまった父に代わり、
自分が城にとどまることにしたベル。
城では家具や食器たちがもてなしてくれますが、
彼らは魔女の呪いで姿を変えられていたのでした。
礼儀知らずでわがままな野獣に反発するベルですが、
やがて野獣の優しい心に気づき、互いに惹かれ合っていきます。

キャラクター紹介

ベル
Belle

読書と空想が大好きな、父親思いの娘。見た目の恐ろしい野獣にも怖がることなく接する

野獣
Beast

魔女の呪いで野獣の姿に変えられた王子。ベルに接するうち、心に優しさが芽生えていく

モーリス
Maurice

ベルの父親。発明が大好きで、村の皆に笑われている

ルミエール
Lumiere

ろうそくの燭台にされたプレイボーイの元給仕長。得意の歌でベルをもてなす

コグスワース
Cogsworth

置き時計にされた元執事。ユーモアたっぷりだが几帳面な性格でもある

ポット夫人とチップ
Mrs. Potts & Chip

ティーポットにされた元料理番のお母さんと、ティーカップにされた息子

ガストン
Gaston

村一番の人気者でハンサムな青年。腕力が自慢のうぬぼれ屋

168

この作品に対するそーたの想い

　ディズニープリンセスといえば、ドレスの色がそれぞれのイメージカラーとして印象に残りますよね。『美女と野獣』のベルなら、「黄色のドレス」を思い浮かべる方も多いのではないでしょうか？青のタキシードに身を包む野獣と、黄色のドレスを身にまとうベルが、シャンデリアの下で踊るシーンは……きっと、誰もが好きなはずです。

　本書の制作においても、『美女と野獣』の章の「黄色のイメージカラー」にはこだわりました。パッとページを開いたときに「美女と野獣らしい！」と思ってもらえるとうれしいです。そんなデザイン的なこだわりにも目を向けながら、ページをめくってみてくださいね。

▶ 11:00ごろ

自動まき割り機を発明中のモーリス。娘のベルの
前で、うまく動くか試しています。

ベル

エッ ワークス
It works!
うまくいった！

モーリス

It does? It does!
ホントか？　ホントだ！

「うまくいった」ときのIt works!

It works!（うまくいった！）は、何かがうまくいったときに使えるフレーズ。workには「働く」の意味だけでなく何かが「正常に機能する」の意味もあります。「正常に機能する＝うまくいく」ということです。

映画では、ベルのお父さんが作った発明品の機械が動いたときに、It works!と言っています。これも「機械が正常に機能して動いている！＝うまくいった！」というニュアンスです。

このフレーズは、日常会話でもさまざまな場面で使うことができます。動かなかった洗濯機をたたいたら……It works!（動いた！）。不安定でグラグラ揺れる机の下に紙を挟んだら……It works!（グラグラしなくなった！）。１カ月で２キロやせるダイエット計画を立てて実行し……It works!（やせた！）など。

自分の試したことがうまくいったときに、このフレーズを使ってみてくださいね。状況に応じて It worked.（［その時］うまくいった）と過去形にしたり、Did it work?（うまくいった？）と疑問形にしたりして活用しましょう。

▶11:05ごろ

モーリスの発明品が無事に完成！親子2人で喜びを分かち合います。

ベル

ユィウー　デデッ(トゥ)

You did it.

やったわね。

You really did it!

本当にすごいわ。やったわね！

「やったじゃん！」とたたえるフレーズ

　You did it!（やったじゃん！）は、何かを成しとげた人を称賛するときに使えるフレーズ。小さな成功から大きな成功まで、「功績の大きさ」を問わず使うことができます。また、「すごいじゃん！」「おめでとう！」のニュアンスを含むので、相手と一緒に喜んであげることができます。映画でも、やっとの想いで完成した発明品を見て、ベルがお父さんにYou did it!と言っていますね。

　お子さんがテストでよい点数を取った、友人がフルマラソンを完走した、家族がダイエットに成功したなど、「やったじゃん！」「すごいね！」と言いたいさまざまな場面で使ってみてください。

▶ 21:55 ごろ

いなくなった父を探しながら、城の中へ入るベル。
使用人たちが彼女の存在に気づきます。

チップ

Mama, there's a girl in the castle.
ママ、お城に女の子がいる。

ポット夫人

Now, Chip, I'll not have you making up such wild stories.
ねえ、チップ、そんな作り話をするのはおやめ。

チップ

Really, Mama. I saw her.
本当だよ、ママ。見たんだ。

ポット夫人

Not another word. Into the tub.
もうやめなさい。洗いおけに入って。

チップ

But... What?
でも……。えっ?

フェザーダスター

A girl. I saw a girl in the castle.
女の子よ。女の子がお城にいるわ。

語注 **make up a story**：作り話をする／
wild：大それた、とんでもない／**ya**：youのカジュアルな形

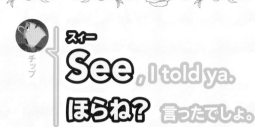

See, I told ya.
スィー

ほらね？　言ったでしょ。

「ほらね？」と言いたいときに

　See?（ほらね？）は、自分の言ったとおりの展開になったときに使える表現。see には「〜が見える」だけでなく「〜がわかる」の意味もあります。そのため、See? と言うことで「ほら、わかったでしょ？」「言ったとおりだったでしょ？」のニュアンスを表すことができます。

　映画では、「お城に女の子がいる！」と言っても信じなかったポット夫人に対して、「ほらね？ 言ったとおり（女の子がいる）でしょ？」と息子のチップが言っています。

　日常会話でも自分の言ったとおりの展開になり、「ほらね？」と言いたいときに使ってみてください。例えば、I'm worried about the test.（テストが心配だ）と言う友人に対して、Everything is going to be all right.（大丈夫、すべてうまくいくよ）と声をかけたとします。後日、I got a good score.（いい点が取れたよ）と知らせを聞いたならば……。See?（ほらね？）と言うことができますね。

父の身代わりとなって城に残ったベル。父と離れて捕らわれの身となり、落ち込んでいます。

ベル

But I've lost my father, my dreams, everything.
でも父も、夢も、何もかも失ったわ。

ポット夫人

Cheer up, child.
元気を出して。

It'll turn out all right in the end.
最後にはきっとうまくいく。

ユイゥーオ スイー
You'll see.

そのうちわかるわよ。

語注 **cheer up**：元気を出す／ **turn out** ～：～になる

176

「そのうちわかるよ」を表すYou'll see.

　You'll see.（そのうちわかるよ）は、今はわからなくても「そのうちわかるよ」と言いたいときに使えるフレーズ。1つ前のフレーズ See?と同様に、このseeも「〜がわかる」の意味です。ここでは未来を表すwillと一緒に使われているため、「そのうちわかるよ」の意味になるわけですね。

　You'll see.はまた、「（今はわからないから）様子を見てみよう」のニュアンスも含みます。例えば、「うーん、このやり方でうまくいくかなぁ……」と悩んでいる人がいるとします。そのようなときにYou'll see.と言うと、「とりあえずやってみて、様子を見てみよう！　結果はそのうちわかるよ！」という意味になり、相手の背中を押すことができます。

　映画でも、ポット夫人がベルに対して「最後にはうまくいくわよ、そのうちわかるから！」というニュアンスで使っていますね。

▶33:00ごろ

ベルのドレスを選ぶワードローブ。野獣との晩さんに出るよう、ベルを促します。

ワードローブ

Ah, here we are.
ああ、これがいいわ。

You'll look ravishing in this one.
これを着れば素敵に変身できる。

ベル

デェアッツ　ヴェウィー　カインダヴユィウー

That's very kind of you,

but I'm not going to dinner.

ご親切にありがとう、でも、食事には行かない。

語注 **ravishing**：非常に美しい

親切にされたときの応答フレーズ

　That's very kind of you.（優しいね、ありがとう）は、誰かに親切にされたときに使えるフレーズ。直訳すると「あなたって本当に優しいね」となります。「ありがとう」のニュアンスを含むので、親切にされたときの感謝の言葉として使うことができます。

　That's very kind of you.はこのまま丸ごと使えるので、1語1語を思い出して言葉に詰まってしまっては損です。親切にされたらすぐThat's very kind of you.と反応できるように、ひと続きで覚えておいてくださいね。

　映画では、素敵なドレスを勧めるワードローブに対してベルが言っています。That's very kind of you, but...（ご親切にありがとう、でも……）と、butの後に「相手の提案を断る内容」を続けています。このように、親切な申し出に対して丁寧に断りを入れたいときにも使うことができます。

179

▶38:25 ごろ

晩さんに行かず「おなかがすいた」と言うベルに、
使用人たちは改めて晩さん会を準備します。

ルミエール

She's not a prisoner. She's our guest.
彼女は囚人じゃない。お客様なんだ。

We must make her feel welcome here.
とびっきりのもてなしをしないと。

Right this way, mademoiselle.
さあこちらへ、マドモアゼル。

コグスワース

キープ イッ デェアーウンヌ
Well, **keep it down.**
でも、静かにやれ。

If the master finds out about this,
it will be our necks.
ご主人様に見つかったら、俺たちの首が飛ぶ。

語注 ▶ **right**：まさに、ちょうど／ **mademoiselle**：お嬢さん／ **find out about 〜**：〜
について知る

「静かにして」とやんわり伝えるときに

　Keep it down.（声のボリュームを下げて）は、静かにしてほしいときに使えるフレーズ。keep A B には「A を B の状態に保つ」の意味があり、Keep it down. で「it（声、音）を down（下げた状態）に保つ」ということになります。

　Be quiet.（静かにして）という表現を聞くこともありますが、少々キツい印象に響く場合もあります。Let's keep it down. なら「ちょっと声のボリュームを下げよう」という柔らかいニュアンスになるので、比較的言いやすいですよね。

　コグスワースがベルたちに言っている映像のイメージと共に覚えてみてください。ご主人様（野獣）にバレないように「静かにしよう！」と言っているシーンです。

▶43:15ごろ

フレーズ **66**

晩さん会の後で、コグスワースとルミエールはベルにお城の中を案内します。

コグスワース

エアズ ユイウー キャエン スイー
As you can see,
ご覧のとおり、

the pseudo-facade was stripped away to reveal a minimalist Rococo design.

見せかけの飾りを取り除きますと、ミニマリズムのロココ調デザインが現れました。

語注 **pseudo-**：にせの、見せかけの／**facade**：正面、ファサード／**strip 〜 away**：〜を取り除く／**reveal**：〜を見せる／**minimalist**：ミニマリズムの／**Rococo**：ロココ様式

「ご覧のとおり」と言うときのフレーズ

　As you can see, 〜.（ご覧のとおり、〜）は、人に何かを見せながら説明すると
きに使えるフレーズ。asにはいろいろな意味がありますが、ここでは「〜のように」
の意味です。As you can seeで「あなたが今見えているように＝ご覧のとおり」とい
うことです。

　映画では、コグスワースがベルにお城を案内するシーンで、このフレーズが使われ
ています。

　基本的には、As you can see, 〜.のように「,（コンマ）」を付けて、「〜」には文
の形を入れます。日常会話で使うときも必ず、後ろには単語でなく文（主語＋動詞）
の形を続けてくださいね。

🔊 43:25 ごろ

お城の内部について説明するコグスワースです
が、話し始めると止まらない様子です。

コグスワース

Note the unusual inverted vaulted ceilings.
珍しい逆アーチ型の天井にもご注目。

This is yet another example of the late-neoclassic Baroque period.
これもまた後期ネオクラシック・バロック時代のものです。

And, as I always say, if it's not Baroque, don't fix it.
いつも言うのですが、ここにはバロック時代のものしか置きません。

ウェアー　ワザイ
Uh, where was I?
えー、どこまで話しましたっけ？

語注 inverted：逆さまの／ vaulted：アーチ型の／ yet another：さらにもう1つの／
neoclassic：新古典主義の／ Baroque：バロック様式の／ period：時代／ if it's

途切れた会話を再開するときに

　Where was I?（どこまで話したっけ？）は、話が途切れた後で再び話し始めるときに使えるフレーズ。誰かと話している最中に、電話がかかってきたり、トイレのために席を外したりして、話が中断されることってありますよね。その後で再び会話に戻るときにWhere was I?と言うことで、「私は話のどこにいたっけ？－どこまで話したっけ？」と相手に確認することができます。相手はきっと「～の話をしてたよ！」と教えてくれるはずです。

　映画でも、コグスワースが自分のダジャレに自分で涙を流すほど笑った後、再び話し始めようとするときに使っています。

not Baroque, don't fix it：ことわざのIf it aint(＝ is not) broke(＝broken), don't fix it.（壊れてもいないものを直そうとするな）に引っかけたダジャレ

オオカミに襲われたベルを助け、傷を負った野獣。
ベルは自ら彼の傷を手当てします。

ベル

Just hold still.
じっとしてて。

野獣

デュァッ　ハーツ
That hurts!

痛い！

語注 **hold**：〜のままでいる／ **still**：じっとした／ **you'd**：＝you would

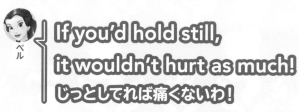

ベル

If you'd hold still, it wouldn't hurt as much!
じっとしてれば痛くないわ!

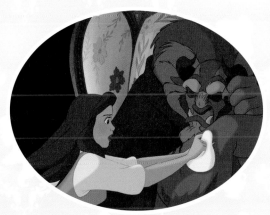

「痛む」を意味するhurt

That hurts!(痛い!)は、どこかが痛むことを伝えたいときに使えるフレーズ。短い表現ですが、意外ととっさに出てこない学習者の方が多いです。その理由は、「hurt＝～を傷つける」と覚えてしまっているからです。hurtにはその意味もありますが、「～が痛む」の意味もあるんです。日常会話では、「痛む」の意味で使われることも非常に多いですよ。

痛い場所を具体的に伝えたいときは、My arm hurts.(腕が痛む＝腕が痛い)のように、主語に具体的な体の部分を入れましょう。hurtはケガや病気など、いろいろな痛みに対して使うことができるので、どこかが痛むときにとっさに口から出せるようにしておきましょう。その際、〈主語＋hurts.〉の形で言えるようにしておいてくださいね。

映画では、ベルの手当てに対して野獣が「そのやり方だと痛い!」というニュアンスでThat hurts!と言っています。

187

▶ 1:01:30ごろ

森でさまよい倒れる父の姿が鏡に映り、悲しむ
ベル。その姿を見て、野獣はベルを解放します。

ベル
You mean... I'm free?
つまり……私は自由？

野獣
Yes.
そうだ。

ベル
Oh, thank you. Hold on, Papa.
ああ、ありがとう。待ってて、パパ。

アイマン　マイ　ウェーイ
I'm on my way.
今すぐ行くわ。

「今、向かってる」と伝えたいときに

　I'm on my way.（今、向かってる）は、目的地に向かっていると伝えたいときに使えるフレーズ。直訳すると「私は自分の行くべき道（目的地に向かう道）の上にいる」になります。そこから、「今、向かっている」「すぐに行く」の意味になるわけですね。

　日常会話でも、誰かと待ち合わせをしているときにWhere are you?（今、どこ？）と聞かれることがあります。そのようなときに I'm on my way.（今、向かってる）と答えれば、相手に心配させなくてすみます。口頭での会話はもちろん、チャットやメッセージなどでもこのフレーズはとても便利ですよ。

　そして、もう1つ。I'm on my way.は、まだ出発してはいないけれど「今すぐ行く！」と伝えたいときにも使えます。映画でも、お父さんのいる場所へ向かおうとするベルが、I'm on my way.（今すぐ行くわ）と言っていますね。

▶ 1 : 02 : 00 ごろ

ベルを解放したという野獣の言葉を聞いたコグス
ワースは、驚きを隠せません。

Well, Your Highness, I must say everything is going just swimmingly.
さて、殿下、事は順調に運んだご様子。

I knew you had it in you, ha ha.
さすがですな、ハハハ。

I let her go.
彼女を自由にした。

Yes, yes, splen... You what?
さよう、さよう、素晴らし……何ですって?

ヘェアーウ クィゥディゥー ドィゥー デェアッ(トゥ)

How could you do that?

なぜそんなことを?

I had to.
仕方なかった。

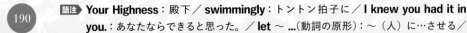

語注 **Your Highness**：殿下／**swimmingly**：トントン拍子に／**I knew you had it in you.**：あなたならできると思った。／**let 〜 ...**(動詞の原形)：〜（人）に…させる／

「驚き」や「非難」を伝えるフレーズ

　How could you do that?（なんでそんなことしたの？）は、相手の行動に対して「驚きの気持ち」を伝えたいときに使えるフレーズ。直訳すると、「どうやってそのようなことができたの？（＝普通はできないよね？）」となります。そこから「なんでそんなことしたの!?」となるわけです。

　このフレーズには、相手の決断や行動に対して疑念を抱いているニュアンスが含まれます。状況によっては「相手を責めている」感じにもなります。

　映画でも、「なんでベルを解放なんかしちゃったの？（＝そんなことしたらダメじゃないか）」と驚き、非難する気持ちが、このセリフから読み取れます。

splen...：splendid（素晴らしい、この上ない）と言いかけたもの

アナと
雪の女王

FROZEN

『アナと雪の女王』から、
日常会話で役立つフレーズを見ていきましょう。

フレーズが口から出やすくなるコツ⑦

日本語の話し方から変える意識！

　英語フレーズがとっさに口から出ない……と悩む方は多いはずです。では、日本語ならとっさに言葉を出せていますか？ 多くの学習者の方々と日々、レッスンをしていますが、とっさに英語が出てこない方の場合、日本語でも同じように出てこないケースが大半です。**日本語で即座にリアクションを取れない方が、英語でいきなり取れるようになることは難しい**ですよね。

　普段、日本語で話すときから「話し上手な人」を目指しましょう。そして「思っていることを言葉に表す習慣」を作りましょう。日本が「空気を読んで察する文化」であるのに対して、欧米は比較的「感情をハッキリ言葉に出す文化」です。「必ずうまくいくよ！」「そのシャツいいね！」「その考えには納得できない！」など、感情を言葉に表す練習をしましょう。この土台がないと、実際の英会話でも感情を言葉で表せなくなってしまいます。

　また、誰かの発言に対してすぐにリアクションをする練習もしておきましょう。そうでないと、英語のリアクションでもテンポが遅れてしまいます。日本語を制する者は、英会話を制する！

アレンデール王国に住む姉妹、エルサとアナ。
触れたものを凍らせてしまう
「禁断の力」を持って生まれた姉のエルサは、
力を隠すために部屋に閉じこもって暮らしていました。
エルサが女王に即位する戴冠式の日、
アナがハンス王子との突然の婚約を伝えたことから2人は口論に。
エルサは怒りで力を制御できなくなり、王国を冬にしてしまいます。
アナは大切な姉と王国を取り戻すため、
山男のクリストフ、トナカイのスヴェンと共にエルサの後を追うのでした。

キャラクター紹介

エルサ
Elsa

アレンデール王国の王女。優雅で落ち着きがあり、何事も慎重に考えて行動するタイプ

アナ
Anna

エルサの妹。明るく大胆な性格で、会ったばかりのハンス王子と結婚を決めてしまう

クリストフ
Kristoff

アレンデール王国の外れの山中で暮らす氷売り。山小屋でアナと出会い、共に旅をする

オラフ
Olaf

エルサが王国から逃げる途中で作った雪だるま。夏にあこがれている

スヴェン
Sven

クリストフの相棒のトナカイ。ニンジンが大好物

ハンス
Hans

サザンアイルズ王国の王子。アナと出会い、結婚を約束する

この作品に対するそーたの想い

　姉妹の愛を描いたこの作品は、これまでのディズニー作品でよく描かれてきた「王子様とプリンセスの恋愛」といったストーリー展開とは異なります。愛には「男女の恋愛関係」以外にもさまざまな形があり、姉妹や兄弟の愛もその1つでしょう。これまでとは違った視点で愛の形がうまく表現されているところが、この作品の好きな点です。

　余談ですが、個人的にアナの英語の発音がとてもクリアで聞きやすいと感じます。プリンセスの英語で誰の発音が好き？ともし聞かれたら、そーたは「アナ！」と即答します（笑）。

フレーズ 71

▶ 03:40 ごろ

幼いアナは寝ているエルサを起こして「雪だるまを作るのはどう?」と声をかけます。

幼いアナ

Elsa. Psst! Elsa!
エルサ。ねぇ! エルサ!

Wake up. Wake up. Wake up!
起きて。起きて。起きてよ!

幼いエルサ

ゴーウ ベェァック トゥイゥー スリープ
Anna, go back to sleep.
アナ もう1回寝てよ。

幼いアナ

I just can't.
そんなの無理。

The sky is awake, so I'm awake.
お空が起きたから、私も起きたの。

So, we have to play.
だから、遊ばなきゃ。

語注 ▶ **psst** [プスー]:人の注意を引くために口で鳴らす音

198

「寝る」を表すgo to sleep

　go back to sleep（もう１回寝る）は、自分や誰かが眠りに戻るときに使えるフレーズ。「寝る＝sleep」と覚えている方も多いと思いますが、日常会話ではgo to sleepがよく使われます。例えば「もう寝るね」と言う場合、I'll sleep.よりI'll go to sleep.のほうがよく聞きます。まずは、go to sleepという表現を覚えておきましょう。

　go to sleepが「寝る」ですから、go back to sleepなら「眠りに戻る＝もう１回寝る」の意味になりますよね。つまり、I'll go back to sleep.と言うと「もう１回寝るね＝二度寝するね」の意味になるわけです。I'll 〜.で、「今から〜しよう」という自分の意思を表します。

　映画では、エルサがアナに対してGo back to sleep.（もう１回寝てよ）と言っています。このように、人に「寝なさい」と伝えるときにも使えますよ。

▶ 12:50ごろ

今日はエルサの戴冠式。ぐっすり寝ていたアナは、執事のカイにドアの外から呼びかけられます。

カイ

Princess Anna? Princess Anna?
アナ王女？　アナ王女？

アナ

Huh? Yeah?
ん？　はーい？

カイ

サーウィー　トゥー　ウェイキィウー

Oh. Sorry to wake you,
ma'am.
ああ。**起こして申し訳ありません。**

アナ

No, no, no, you didn't.
ううん、起こされてないわ。

I've been up for hours.
ずっと前から起きてる。

語注 **ma'am**：奥様、お嬢様

200

「起こしてごめん」と言いたいときに

　Sorry to wake you.（起こしてごめんなさい）は、寝ている誰かを起こしてしまっ
たときに使えるフレーズ。Sorry to ～（動詞の原形）. で「～してごめん」の意味にな
ります。映画では、寝ていたアナに向かって執事のカイがこの言葉を投げかけます。
日常会話でも、電話をかけたり、物音を立てたりして、誰かを起こしてしまったとき
に言ってみましょう。最後にupを付けて、Sorry to wake you up. の形でも大丈夫で
すよ。

　それに対してアナは、I've been up for hours.（ずっと前から起きてる）と返します。
このupは「起きている」という意味です。Are you up?（起きてる？）や I'm up.（起
きてる）といった表現も、ついでに覚えておくとよいでしょう。

201

フレーズ 73

▶ 13:05 ごろ

戴冠式に出るため支度をしてほしいと言われるアナですが、まだ寝ぼけているようです。

カイ

The gates will open soon.
じき開門します。

ターイム トゥー ゲッ ウェディー

Time to get ready.
ご準備なさらねば。

アナ

Of course. Ready for what?
もちろんよ。何の準備？

「準備する」を表すget ready

Time to get ready.（準備しなきゃ）は、何かの準備をするときに使えるフレーズ。time to ～（動詞の原形）で「～する時間だ」という意味になります。正式にはIt's time to ～.で表しますが、日常会話では It'sが省略されることも多いです。子ども、家族、パートナーなどに「準備する時間だよ」と伝えるときはもちろん、「準備しなきゃ」と独り言を言うときにも使えますね。

「準備する」の意味では、prepareという単語が思い浮かぶ方も多いと思います。こちらでも間違いではありませんが、prepareはどちらかと言うと「何か具体的なものを準備するとき」に使われる傾向にあります。例えば、I prepared a meal for my family.（家族に食事を準備した）という感じです。これに対し、get readyは「いろいろ引っくるめて総合的に準備する、支度する、身支度する」というイメージです。

映画でも、式に出席するための身支度をしなければいけないアナに投げかける言葉として使われていますね。次に外出をするときはぜひ、このフレーズを言ってから出かけましょう。

フレーズ
74

▶17:35ごろ

サザンアイルズ王国のハンス王子と出会ったアナ。ボートの上にいた2人は、バランスを崩して倒れます。

Oh, boy!
おっと！

デス　エズ　アークワー(ドゥ)
This is awkward.
変な感じね。

Not "You're awkward,"
but just because we're...
「あなたが変」なわけじゃない、ただ私たちが……。

I'm awkward, you're gorgeous.
変なのは私、あなたは素敵よ。

語注 **boy**：おやまあ、わあ／**gorgeous**：魅力的な

気まずい瞬間に使いたいフレーズ

　This is awkward.（気まずい）は、誰かとの間に気まずい空気が流れた瞬間に使えるフレーズ。映画では、アナがハンス王子にThis is awkward.（[今のこの瞬間が]気まずいね、変な感じだね）と言っています。初対面の人にぶつかって馬乗りになると……当然、気まずいですよね。

　「awkward＝気まずい」と単語の訳だけで覚えると、イメージが湧きにくいと思います。どのような文の形で、どのような場面で使われるのかも理解しにくいですよね。この映画のシーンのように、「うぅ、気まずい、恥ずかしい、なんか変な感じ」となったときに、This is awkward.と言ってみてください。沈黙の瞬間が、ふと和むはずです。

　また、awkward moment（気まずい瞬間）のように、awkwardがほかの単語とくっついて使われることもあります。例えば、It was the most awkward moment in my life.（その時が人生で一番気まずかった瞬間だよ）という感じです。

　ちなみに、人についてawkwardを使うと「不器用な」「みっともない」の意味になります。アナが慌ててNot "You're awkward"（変なのはあなたじゃない）と弁解しているのは、このためです。

馬がぶつかったことをハンス王子から謝られた
アナは、「姉じゃなくてよかった」と答えます。

（ハンス）

I'd like to formally apologize for hitting the princess of Arendelle with my horse.
私の馬がアレンデールの王女様にぶつかったこと、お詫びします。

And for every moment after.
それに、その後に起きたことも。

（アナ）

No! No, no. It's fine.
いいえ！　いいの。大丈夫。

I'm, I'm not that princess.
私は「その」王女様じゃない。

I mean, if you'd hit my sister Elsa, it would be... Yeesh!
姉のエルサにぶつかってたら大変だったわよ……キーッ！て。

Because, you know... Hello.
だって、ほら……。（馬に）こんにちは。

語注 **formally**：正式に／**apologize**：謝罪する／**you'd**：＝you had／**yeesh**：いらだちや不快感を表す

幸運な相手に言いたいLucky you!

　Lucky you!（ラッキーだね！）は、相手の幸運に対して「よかったね」と言いたいときに使えるフレーズ。Lucky ～（人）.の形で「～（人）ってラッキーだね」と伝える、英語ならではの言い回しです。「人」の部分を変えてLucky me!（私ってラッキー！）やLucky her!（彼女ってラッキーだね！）などと言うこともできます。映画では「ぶつかった相手が姉じゃなくて、私でよかったね（私なら怒らないから）」の意味を込めて、アナがLucky you.と言っていますね。

　日本語では「あなたってラッキーだね」と言うので、英語でもついYou're lucky.の形で表しがちかもしれません。もちろん、これでも間違いではありませんが、Lucky you!というネイティブらしい言い回しがとっさに出るようにしておけるといいですよね。そのためには、「必ず口から出して慣れておく」ことです。そして、英会話のシーンでなるべく「そのフレーズを使う努力をする」ことです。すると、次第に自分の言葉として定着してきますよ。

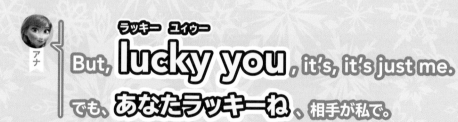

（アナ）

But, lucky you , it's, it's just me.
ラッキー　ユイゥー
でも、**あなたラッキーね**、相手が私で。

フレーズ 76

▶ 20:05 ごろ

エルサの戴冠式（たいかんしき）で、アナは「アレンデール王国の
アナ王女」と紹介され、壇上に呼ばれます。

カイ

Princess Anna of Arendelle.
アレンデールのアナ王女。

アナ

アー ユイウー シャー？

Oh. Here? **Are you sure?**
えっ、ここ？ **本当にそれでいいの？**

「本当に確か？」と確認するときのフレーズ

　　Are you sure?（本当にそれでいいの？）は、相手の発言に対して「確かかどうか」を確認したいときに使えるフレーズ。単に「本当に？」とリアクションしているだけというよりも、「相手の発言や決断に少し疑いがある」というニュアンスが加わります。

　　映画での使われ方にも着目してみましょう。エルサの横に立つように指示されているアナが、執事にAre you sure?と聞いています。「私なんかが、エルサの横に立っていいの？」という疑念を持ちながら聞いていることがわかりますよね。

　　このように、相手が決めたこと、言ったこと、とった行動などに対して、「本当にそれでいいの？」「大丈夫？」と確かめたいときに使ってみてください。例えば、赤い服と青い服のどちらを買うか、何日も悩んでいた人がいるとします。その人がついに「赤にする！」と言ったときにAre you sure?と尋ねると、「本当にそれでいいの？後から『やっぱり青がよかった』なんて言わない？」と確かめられます。この場合、Really?だと「そうなの？」と「ただ驚きを表すだけ」のニュアンスになります。

アナはハンス王子をエルサに紹介し、結婚すると報告。エルサは突然のことに驚きます。

We'll need a few days to plan the ceremony.

結婚式の計画には何日か必要ね。

Of course, we'll have soup, roast and ice cream. And then...

もちろん、スープにお肉、アイスクリームは出す。それから……。

Wait. Would we live here?

待って。私たち、ここに住む?

Here?
ここ?

エェアブサリィウッリー
Absolutely!
もっちろん!

語注 **roast**：（ローストされた）肉

210

強く同意するときはこの1語で

　Absolutely!（もっちろん！）は、相手の発言に対して強く同意したいときに使えるフレーズ。Of course.と同じ意味ではありますが、Absolutely.のほうがより強い同意の感情を出すことができます。「普通の同意＝Of course」「強い同意＝Absolutely」というように、自分なりに分類して覚えておくことも、実際の会話で使えるようにするためには大切です。それは、どのようなフレーズの暗記においても同じです。

　映画では、「結婚したらこのお城に住む？」と言うアナに対して、ハンス王子がAbsolutely!（もっちろん！）と答えています。相手の提案に対し、強く同意しているわけですね。

　Absolutely!は、相手の「提案」に応じるときだけでなく「言っていること」に強く賛成するときにも使えます。例えば、A: Traveling abroad is amazing.（海外旅行って最高だよね）→B: Yeah, absolutely!（うん、ほんっっとそれ！）という感じです。このような使い方もよくするので、覚えておきましょう。

▶ 30:00 ごろ

アナの言葉にカッとなり、思わず魔法の力で氷を
出してしまったエルサ。それを見た人々は驚きます。

ウェーゼルトン公爵

She nearly killed me!
彼女に殺されかけたんだぞ！

ハンス

You slipped on ice.
あなたは氷で滑っただけだ。

ウェーゼルトン公爵

Her ice!
彼女の氷でな。

アナ

It was an accident.
事故よ。

She was scared.
姉はおびえてた。

シーデデンツ　ミーンネッ(トゥ)
She didn't mean it.
そういうつもりじゃなかった。

She didn't mean any of this.
全部、そういうつもりじゃなかったの。

212　　**語注** ▶ **nearly**：ほとんど、だいたい

相手に誤解されたときに使おう

I didn't mean it.は、「そういうつもりじゃなかった」と伝えたいときに使えるフレーズ。直訳すると「それを意味していなかった」。つまり、「そういう結果になると意味してとった行動ではなかった＝そういうつもりじゃなかった」になるわけです。

映画のセリフでは主語がSheですが、実際の会話ではI didn't mean it.と自分の行動を弁解するときに使うことが多いと思います。自分の言葉を相手に誤解されてしまうことは、時々ありますよね。I didn't mean it.で、「そういうつもりで言ったんじゃない」「そういうつもりでやったんじゃない」と、自分の発言や行動に対しての弁解をサッとできるようにしておきましょう。

もちろん、ほかの誰かの行動を弁解する場面に出くわすこともあるでしょうから、主語をパッと変えられるように練習しておくといいですね。

▶41:25 ごろ

アナは、氷売りのクリストフと一緒にエルサを追うことに。婚約の話を聞いたクリストフは、アナを質問攻めにします。

クリストフ

What if you hate the way he picks his nose?
鼻くそのほじり方が気に入らなかったらどうする？

アナ

Picks his nose?
鼻くそをほじる？

クリストフ

And eats it.
食うかも。

アナ

Excuse me, sir. He is a prince.
失礼しちゃう。彼は王子様よ。

クリストフ

All men do it.
男はみんなやる。

アナ

エッ ダゼン メェァラー

Ew. Look, it doesn't matter.
うげっ。あのね、**そんなの関係ない**。

It's true love.
真実の愛だから。

語注 **What if 〜？**：もし〜だったらどうか／**pick 〜's nose**：〜の鼻をほじる／
ew：げっ、うえっ。不快感や気持ちの悪さを表す

「関係ない」「気にしない」と言うときに

　It doesn't matter.は、「そんなの関係ないよ」と伝えたいときに使えるフレーズ。matterには「〜が重要である」という意味があり、It doesn't matter.で「それは重要ではない＝そんなの関係ない」の意味になるわけです。

　自分の好きな人（ハンス王子）が鼻をほじろうが、鼻くそを食べようが、「そんなの関係ない！ 重要じゃない！ 気にしない！」と言い張るアナが言うセリフですね。このように、重要でないがゆえ、「気にしない」というニュアンスも含むフレーズです。細かいことは気にせず、「そんなの関係ねぇ！ そんなの関係ねぇ！」の気持ちを表したいときに使ってみてください。ちなみにそーたは、鼻くそを食べる人は苦手です。

　ここことは別に、57：55ごろでもこのフレーズが使われているので確認してみてください。クリストフを連れてきたアナに対して、エルサが Who's this? Wait, it doesn't matter.（この人は誰？ いいえ、そんなこと関係ない）と言っています。

フレーズ 80

▶51:30 ごろ

氷の城を目指すアナとクリストフ。アナは突然、
断崖を登り始めます。

クリストフ

What are you doing?
何してる?

アナ

I'm going to see my sister.
姉さんに会いに行く。

クリストフ

You're gonna kill yourself.
死ぬぞ。

I wouldn't put my foot there.
俺ならそこに足を掛けない。

アナ

ユアー　デェストゥウェァクテン　ミー
You're distracting me.
気が散るでしょ。

216

語注 **gonna**：going to の口語の形

「気が散る」と言いたいときのフレーズ

　You're distracting me.（気が散る）は、人や物が自分の気を散らしてくるときに使えるフレーズ。映画では、アナがクリストフに対して言っているため、主語にyou（あなた）が使われています。日常会話ではyouのほかにも、my phone（私の電話）やmy younger brother（弟）など気を散らす原因となっている単語を主語に置くことができます。例えば、My phone is distracting me.（携帯のせいで気が散っちゃう＝携帯が気になっちゃう）、My younger brother is distracting me.（弟のせいで気が散る）という感じです。

　distractは「〜の気をそらす」という意味の動詞で、後には「気をそらされている人」を続けます。では、Tom is distracting Mary.という文はどういう意味でしょうか？正解は「トムがメアリーの気をそらしている」です。「気をそらしている人・物」「気をそらされている人」がどの位置にくるのか、整理しておきましょう。

　普段の会話では、〜 is distracting me.（〜が自分の気をそらしてくる＝〜のせいで気が散る）の形で使うことが多いと思います。では、「そーたのせいで気が散る！」と言いたいときはどうなりますか？　正解は、Sota is distracting me!ですね。

フレーズ **81**

▶52:40 ごろ

氷の城にたどり着いた一行。見たことのない光景に、クリストフは感動しています。

クリストフ

Now, that's ice.
ああ、全部氷だ。

I might cry.
泣きそう。

アナ

ゴーウ エァヘッ(ドゥ)
Go ahead.

どうぞ。

I won't judge.
批判しないから。

語注 **judge**：批判する、批判的な目で見る、悪く決めつける

218

「どうぞ」と促すときのGo ahead.

　Go ahead.（どうぞ）は、相手の行動について「どうぞやって！」と促すときに使えるフレーズ。aheadは「前へ」の意味で、Go ahead.を直訳すると「前へ行って」の意味になります。「自分よりも前へ行って！＝どうぞやってください」となるわけです。

　映画では、「泣きそう」と言うクリストフに対して、アナが「どうぞ泣いて」と言うシーンで使われています。このように、何かをしたい人、しようとしている人に対して「行動を促したいとき」に使ってみてください。

　日常会話で、そーたがこのフレーズをよく使う場面を１つご紹介します。それは「相手と話すタイミングが被ったとき」です。自分が何かを言おうとしたときに相手も何かを言おうとして、「あっ！」と両者が黙る瞬間ってありますよね。そんなとき、日本語でも「（先に）どうぞ！」と言うと思います。これがGo ahead.の感覚です。

▶ |:03:05 ごろ

雪の魔物、マシュマロウから逃れたアナたち。
クリストフは、寒がるアナに声をかけます。

クリストフ

アー ユィゥー コーヴルッ（ドゥ）

Are you cold?

寒い?

アナ

A little.

少しね。

「寒い？」とパッと聞けますか？

　Are you cold?（寒い？）は、人に寒いかどうか聞きたいときに使えるフレーズ。coldが「寒い」という意味だとは知っていても、「寒い？」と聞きたいときにAre you cold?の形で口からパッと出てきますか？ 自信を持って「出てくる！」と言えない方は、「英語を知っているけど使えない」典型的なパターンに陥っています。

　寒い冬は「寒くない？ エアコン入れようか？」など、相手に寒くないかどうか聞きたい場面があると思います。そんなときは、このフレーズを使って聞いてあげましょう。

　もう１つ、It's cold.というフレーズも聞いたことありませんか？ このitは「それ」という意味ではなく、「天候・気温」を表すときの it です。It's raining.（雨が降っている）も同じで、「天候・気温」を表すときは it を使うんです。「寒いね、気温が低いね」と言う場合は it を使ってIt's cold.と表し、人が寒く感じているかどうかを聞く場合はAre you cold?で表すと覚えましょう。

Chapter 8

ライオン・キング

THE LION KING

『ライオン・キング』から、
日常会話で役立つフレーズを見ていきましょう。

覚えたフレーズは3回使う！

　新しく覚えたフレーズは、自分の語彙として定着するまでに少々時間がかかります。**そーたは学生時代「覚えたフレーズは実際の会話で3回使う」と決めていました。**そーたの場合、定着までに3回必要だったんです。人によっては2回、5回、10回……と、回数は異なるかもしれません。

　例えば、『アナと雪の女王』でご紹介したAbsolutely!（もっちろん！）というフレーズを覚えたとします。そうしたら、このフレーズを**次の英会話に「無理やりにでも入れ込む」**のです。会話の相手がJapan is one of the most beautiful countries.（日本はすごく美しい国の1つだよね」と言ったとして、「ここで使えそう！」というタイミングだと思ったらAbsolutely!（もっちろん！）と入れ込むイメージです。

　1回目は、「Abso……あれ、何だっけ……？」と詰まるかもしれません。2回目は言えても、Absolu—Abusolutely!と途中でかんでしまうかもしれません。でも、3回目はAbsolutely!とスラッと言えることでしょう。そーたもそうでした。**声に出すこと、実際の会話で使う努力をすることは本当に大切**です。この地道な積み重ねがなければ、自分の語彙になりません。

フレーズが口から出やすくなるコツ⑧

王になる日を夢見るライオンの男の子、シンバ。
彼の父親は誰もが尊敬する立派な王、ムファサでした。
ところがそんな王の座を狙う叔父のスカーのたくらみで、
ムファサは亡くなってしまいます。
ムファサの死をシンバのせいだと思い込ませ、
シンバを王国から追い出すスカー。
シンバは、ミーアキャットのティモン、イボイノシシのプンバァと
友達になって元気を取り戻し、
やがて父の教えに目覚めていきます。

キャラクター紹介

シンバ
Simba

ムファサの息子で、
王になる日を夢見て
いる。好奇心旺盛で
無邪気な性格

ナラ
Nala

シンバの幼なじみの
雌ライオン。おてん
ば娘だが、やがて強
い意志を持つ美しい
大人に成長する

ティモン
Timon

王国を出たシンバと
友達になるミーア
キャット

プンバァ
Pumbaa

馬力のあるイボイノ
シシ。のんびり屋の
楽天家

ムファサ
Mufasa

プライド・ランドを
治める王。息子を立
派な王にするため、
シンバにさまざまな
ことを教える

スカー
Scar

ムファサの弟で、シ
ンバの叔父であるラ
イオン。プライド・
ランドを支配しよう
とたくらむ

この作品に対するそーたの想い

　ディズニー作品の魅力には、ストーリー以外に「美しい音楽」もありますよね。『ライオン・キング』のオープニング曲は、誰もが一度は聞いたことがあるのではないでしょうか。メロディーを聞くだけで、自然の壮大さを感じることができます。

　オープニング曲以外にも、「Can You Feel the Love Tonight」や「Hakuna Matata」など、隠れた名曲があります。「ディズニーの映画音楽といえばこれ！」とよく知られた大ヒット曲以外にも、名曲はたくさんあるんですよね。その中から自分の「お気に入り曲」が見つかるのも、ディズニー作品の醍醐味です。

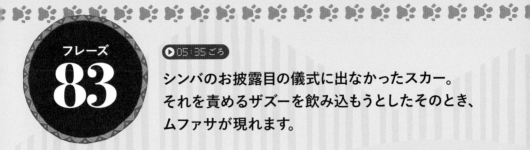

シンバのお披露目の儀式に出なかったスカー。
それを責めるザズーを飲み込もうとしたそのとき、
ムファサが現れます。

ムファサ

Scar?
スカー？

スカー

Mm-hmm?
ん？

ムファサ

ドゥウアップ
Drop him.
彼を 放せ 。

語注 impeccable：絶妙な／**Your Majesty**：陛下

何かを落としたときはdropを使おう

　drop（〜を落とす）は、何かを落としたときに使える単語。日常生活の中で、ふと何かを落としてしまうときってありますよね。ヒジに当たってコップを机から落としてしまったり、手に持っていたカギを落としてしまったり……。そのときのイメージがdropです。とても簡単な単語ですが、とっさに出てこない方は意外と多いはずです。例えば、I dropped the cup.（コップを落としちゃった）のように使います。

　映画では、Drop him.（彼を落とせ＝彼を放せ）というセリフで使われています。獲物を口でくわえる動物同士の会話なので、人間に対してこのような形で使うことはないと思いますが、何かを「ポンッと落とす」イメージはこのシーンから覚えやすいはずです。

　ちなみに、何かを「なくしてしまった」という意味での「落とす」にはlose（〜をなくす）を使います。このように、dropとloseではニュアンスや使われ方が少し異なるので注意しましょう。I dropped my key.なら「カギを（床などに）落とした」ですが、I lost my key.なら「カギを（いつの間にかどこかに）落とした、（どこかに置き忘れたりして）なくした」という意味になります。

ザズー

Impeccable timing, Your Majesty.
抜群のタイミングです、陛下。

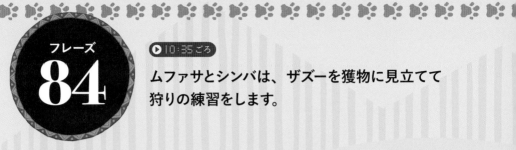

ムファサ

A pouncing lesson.
狩りのレッスンだ。

ザズー

Oh, very good.
ああ、結構なことで。

Pouncing. Pouncing?
狩り。狩りですと？

Oh, no, sire, you can't be serious, oh...
ああ、まさか、ご冗談でしょ、ああ……。

デス エズ ソーウ ヒィゥーメレエイレン（グ）
This is so humiliating.
なんと恥ずかしい。

語注 **pouncing**：襲いかかること／**sire**［サィァ］：（古語で）陛下（王への敬意を込め
た呼びかけ）。現代では「（四足獣の）雄親」を意味する

恥をかかされたときのフレーズ

　This is humiliating.（恥ずかしい）は、人に恥をかかされたときに使えるフレーズ。「恥ずかしい」を表す英単語はいくつかありますが、ここでは2つの単語のニュアンスの違いを、映画のシーンから見てみましょう。その2つの単語とは、embarrassingとhumiliatingです。端的に説明すると、「embarrassing＝自分の行動に恥ずかしい思いをする」「humiliating＝人に恥ずかしい思いをさせられる（侮辱されるニュアンス）」という違いがあります。

　映画のシーンを見てください。シンバが飛びかかる「獲物の練習台」としてザズーが使われています。ザズーはシンバに恥ずかしい思いをさせられ、言わば「侮辱」されていますよね。そのためhumiliatingが使われているわけです。

　このように、人に恥をかかされたときはThis is/was humiliating.と言うことができます（現在形・過去形は状況に応じて変えましょう）。日常会話で使いそうなイメージ例としては、「友人にイタズラで足をひっかけられてこけてしまい、周りの人に見られた」「レストランで別れ話の最中、相手に水をかけられた」などでしょうか？（笑）

　一方で、「道で転んだ」「チャックを開けっ放しで歩いていた」など、自分自身で恥ずかしい行動をしてしまったときはThis is/was embarrassing.を使いましょう。

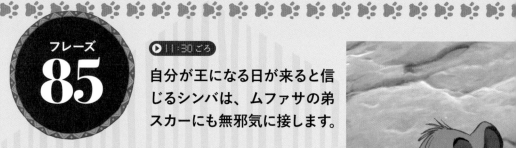

フレーズ 85

▶ 11:30 ごろ

自分が王になる日が来ると信じるシンバは、ムファサの弟スカーにも無邪気に接します。

シンバ

Hey, Uncle Scar!
ねぇ、スカーおじさん！

ゲス　ウワーッ（トゥ）
Guess what?
聞いて！

スカー

I despise guessing games.
もったいぶらずに言え。

シンバ

I'm gonna be King of Pride Rock.
僕ね、プライド・ロックの王様になるんだ。

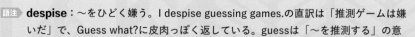

232

語注 **despise**：〜をひどく嫌う。I despise guessing games. の直訳は「推測ゲームは嫌いだ」で、Guess what? に皮肉っぽく返している。guessは「〜を推測する」の意

ビッグニュースの前置きに使おう

　Guess what?（ねぇ聞いて！）は、自分にとってのビッグニュースを伝えるときに使えるフレーズ。うれしい話、驚く話、悲しい話などを後ろに続けます。つまり、「ねぇねぇねぇ！」と注意を引くような前置きの言葉というわけですね。

　映画では、シンバがスカーに「僕は王様になるんだ！」と伝えるシーンで使われています。「みんなが驚くようなビッグニュース」を伝える前置きとして言っていますよね。

　Guess what?を直訳すると、「何なのか推測してみて？」です。つまり、「この後に何の話をするか推測してみて？＝ねぇ、聞いて！」ということです。Guess what?と言われた相手はたいていWhat?（何？）と返してくるのがお決まりのパターンです。スカーは I despise guessing games.（直訳：推測ゲームは嫌いだ）とつれない対応ですが、普通はこんなふうに言われることはありません（笑）。

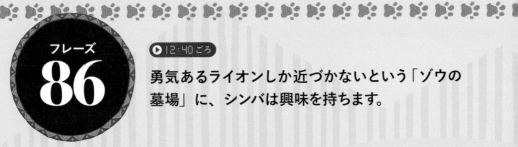

フレーズ
86

▶12:40ごろ

勇気あるライオンしか近づかないという「ゾウの墓場」に、シンバは興味を持ちます。

シンバ

An elephant what? Whoa!
ゾウの何だって？　わあ！

スカー

Oh, dear, I've said too much.
しまった、つい口が滑った。

Well, I suppose you'd have found out
スィウーナー　オアー　レイラー
sooner or later,
you being so clever and all.
まあ、**遅かれ早かれ** 知っただろう、
お前は賢い子だからな。

234

語注 **whoa**：うわー、すごい／ **suppose**：～だろうと思う／ **you'd**：＝you would ／
find out：わかる、知る

「遅かれ早かれ」を表すsooner or later

　sooner or later（遅かれ早かれ）は、「遅かれ早かれ、いずれは〜になる」と言いたいときに使えるフレーズ。このような「微妙なニュアンスを出す言葉」を知っておくと、自分の気持ちを細かく表現できるようになりますよ。日常会話でも、意外とよく使われる表現です。

　映画中のセリフの I suppose you'd have found out sooner or later.（遅かれ早かれ、いずれは［その場所を］知っただろう）のように、sooner or laterを文末に置いて使うこともできます。または、Sooner or later, I suppose you'd have found out.のように文の先頭に置いても問題ありません。

　英文を早く口から出すようにするためのコツは、「前に置けるものは前に置く」ことです。なぜなら、言わなければいけないことを後ろに残せば残すほど負担になるからです。例えば、I went to the store last week.（先週、その店に行った）とlast week（先週）を後ろに残すよりも、Last week, I went to the store.とlast weekを前に出してしまったほうが、負担が減るはずです。後ろに要素を残せば残すほど、言葉がスッと出にくくなるので、前に出せる言葉は先に出してしまいましょう。

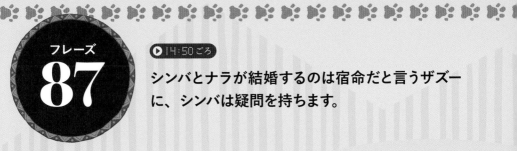

シンバとナラが結婚するのは宿命だと言うザズー
に、シンバは疑問を持ちます。

ザズー

It's a tradition going back generations.
何世代も前からの伝統です。

シンバ

Well, when I'm king,
that'll be the first thing to go.
僕が王になったら、まずそれを変えるよ。

ザズー

Not so long as I'm around.
私が生きている限りは許しません。

シンバ

エン ネェアッ ケイス
Well, in that case, you're fired.
まあ、その場合は、お前をクビにする。

語注 **go**：消え去る／**not so long as ～**：～である限りは…ない／**around**：元気で、
活躍して／**fire**：～をクビにする

状況を仮定するin that case

　in that case(その場合は)は、「もしそうなら」と状況を仮定するときに使えるフレーズ。映画では、「自分が王になったらそんなしきたりはなくしてやる」と言うシンバに「そうはさせません」とザズーが反論しています。それに対して、In that case, you are fired.(その場合は、お前をクビにする)とシンバが言い返します。

　このように「もしそうなら」「その場合は」と状況を仮定したいときに、in that caseを使ってみてください。例えば、友人とお出かけの計画を立てていて、「もし当日、雨が降ったらどうしよう?」と聞かれたとします。こんなとき、In that case...we wouldn't go.(その場合は……行かないでおこう)と言えます。仮定する際のつなぎ言葉として、ぜひ使ってみてくださいね。

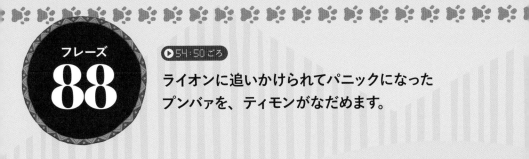

ライオンに追いかけられてパニックになった
プンバァを、ティモンがなだめます。

ティモン

Don't worry, buddy.
心配するな、相棒。

アイム ヒアー フォー ユィウー
I'm here for you.
俺がいる。

Everything's gonna be okay.
すべてうまくいくさ。

語注 **buddy**：仲間、相棒

238

相手を安心させるときの定番フレーズ

I'm here for you.（私がいるよ）は、相手を安心させたいときに使えるフレーズ。「誰かが困っているときはこのフレーズ！」といった定番フレーズは、日本語にもあると思います。例えば、「大丈夫だよ」「気にしなくていいよ」「あんまり考えすぎずにね」など。英語でも同様に、定番フレーズをいくつか用意しておきましょう。

I'm here for you.は、「私はあなたのためにここにいます」が直訳です。そこから「私がいるから安心して」のニュアンスになるわけです。英語には、このような「ダイレクトな気持ちの伝え方」が多いですよね。I'm here for you.はよく使われる表現なので、恥ずかしからずに言えるようにしておきましょう。

映画では、Don't worry.（心配するな）と一緒に使われています。会話でも、同じようにDon't worry, I'm here for you.とセットで使うことができます。このように、実際に使いそうなフレーズをちょい足ししてカスタマイズしていくことで、表現力が高まり、とっさの場面にもスマートに対応できるようになりますよ。

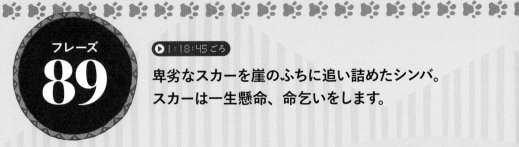

フレーズ 89

▶ 1:18:45ごろ

卑劣なスカーを崖のふちに追い詰めたシンバ。
スカーは一生懸命、命乞いをします。

スカー

You wouldn't kill your own uncle.
自分のおじさんを殺したりしないよな。

シンバ

No, Scar. I'm not like you.
しないさ、スカー。お前とは違う。

スカー

Oh, Simba, thank you.
ああ、シンバ、ありがとう。

You are truly noble.
お前は本当に立派だ。

アイオ メイクラップ トゥー ユィゥー
I'll make it up to you,
I promise.
埋め合わせをするよ、約束する。

語注 ▶ **noble**：高潔な、立派な

240

「埋め合わせをするよ」と言いたいときに

I'll make it up to you.（埋め合わせをするよ）は、反省の気持ちを伝えたいときに使えるフレーズ。ケンカをしたとき、誰かに迷惑をかけたときなどに、「お詫びに何かするからね」「迷惑をかけた分、ちゃんとお返しするからね」というニュアンスで使えます。たいていは謝罪の場面で使うため、Sorry, I'll make it up to you.のようにsorryと一緒に言うことが多いです。

make upは「お化粧をする」という意味もあるように、「何かを作り上げるイメージ」です。そこから、「話をでっち上げる、ねつ造する」の意味もあります。この「何かを作り上げるイメージ」を持てば、「埋め合わせをする」の意味も連想しやすいはずです。相手に悪いことをしたときは、その代わりとなることをして、「空いた穴を埋め合わせるように作り上げて」信用を取り返そうとするはずですから。とはいえ、あまり理屈は気にせず I'll make it up to you.と、ひとかたまりで覚えてしまいましょう。

映画では、スカーがシンバに「お前にひどいことをした埋め合わせは必ずするから！」と許しを請うシーンで使われています。

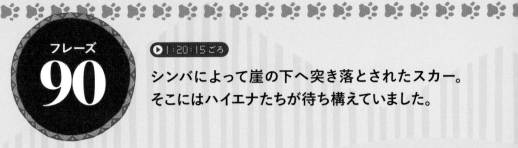

フレーズ
90

▶ 1：20：15 ごろ

シンバによって崖の下へ突き落とされたスカー。
そこにはハイエナたちが待ち構えていました。

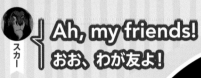

スカー

Ah, my friends!
おお、わが友よ！

シェンジ

Friends?
I thought he said we were the enemy.
友だって？　確か敵だと言ってたよな。

バンザイ

Yeah.

デェアッツ　ウワライ　ハーッ（ドゥ）

That's what I heard.

ああ。俺はそう聞いた。

242

「そう聞いたよ」と伝えるときのフレーズ

　That's what I heard.は、「私はそう聞いたよ」と伝えたいときに使えるフレーズ。直訳すると「それが、私が聞いたことです」となり、そこから「私はそう聞いたよ」という意味になります。このような「とっさに言いたいフレーズ」を、会話中にうーん……と考えていては時間がもったいないです。決まり文句は、そのまま口から出せるように練習しておきしょうね。

　映画での使われ方も確認してみましょう。「スカーはさっき、私たちのことを敵だと言ってたよね？」と言うハイエナに対して、仲間のハイエナがThat's what I heard.（俺はそう聞いたよ）と返していますね。

　日常会話でも、A: Mary got married.（メアリー、結婚したんだってね）→B : Really? I don't think so.（ホント？ してないと思うよ）→A : That's what I heard.（私はそう聞いたよ）のように、「人からそう聞いた」と言う場面で使ってみてくださいね。

リメンバー・ミー

COCO

『リメンバー・ミー』から、
日常会話で役立つフレーズを見ていきましょう。

フレーズが口から出やすくなるコツ⑨

前置詞もセットで覚える！

　突然ですが、「私は自分の英語力に自信を持っている」を声に出して、英文にしてみてください。答えを見る前に、必ず作文をしてくださいね。「自信」はconfidenceだから、I have confidence...までは言える方が多いのです。でも、その後は続きましたか？正解はI have confidence in my English skills.です。confidence in 〜で「〜への自信」となります。

　暗記はひと手間を加えれば加えるほど頭に残りやすくなり、使いこなしやすくなります。ここで大切なのは、**単語を暗記する時点で前置詞まで一緒に覚える**ことです。「confidence＝自信」だけを覚えて終わるのではなく、「confidence in 〜＝〜への自信」→「have confidence in 〜＝〜に自信を持っている」まで覚えると完璧です。英単語は、前置詞と一緒に使われることが多いですからね。

　どのみち、後から「あれ？この単語ってどうやって使うんだろう？」と思って調べるのであれば、暗記の時点からひと手間を加えておきましょう。その手間が面倒に感じる気持ちもわかります。でも、長い目で見ると、**最初に遠回りをして暗記しておくほうが、結果的には近道**になりますよ！

246

メキシコにあるサンタ・セシリアの街で暮らす12歳の少年ミゲル。
彼の家では代々音楽が禁じられていますが、
ミゲルはミュージシャンへのあこがれを募らせます。
そしてある家族写真を見たことで、
伝説のミュージシャンのデラクルスが
自分のひいひいおじいちゃんではないかと考えます。
彼の祭壇のギターを弾いたことから「死者の国」に迷い込んだミゲルは、
陽気だけど孤独なガイコツのヘクターと出会い、
互いの目的を果たそうとしますが……。

キャラクター紹介

ミゲル
Miguel

ミュージシャンを夢
見る少年。家族には
音楽へのあこがれを
隠している

ヘクター
Héctor

ミゲルが死者の国で
出会うガイコツ。気
さくな性格で、情に
厚い性格

デラクルス
Ernesto de la Cruz

ミゲルの街が生んだ
伝説のミュージシャ
ン。悲劇的な死を遂
げるが、死者の国で
も人気者

ママ・イメルダ
Mamá Imelda

ミゲルのひいひいお
ばあちゃん。一人娘
のココを育てるため
靴作りを始めた

ダンテ
Dante

ミゲルといつも一緒
にいる野良犬。ミゲ
ルが奏でるギターが
大好き

ママ・ココ
Mamá Coco

ミゲルのひいおばあ
ちゃん。高齢で記憶
を失いかけている
が、ミゲルにとって
は大切な存在

この作品に対するそーたの想い

　ディズニー作品は時に、私たちに人生の大切な教訓を与えてくれます。この作品で描かれる「生きている人間が故人の写真を飾っていれば、故人は死者の国で元気に暮らせる」というコンセプトが、そーたは大・大・大好きです！ この作品を初めて見たときは、大好きなおばあちゃんが天国に行ったばかりで、毎日おばあちゃんを思い出していました。ですから、このコンセプトに非常に救われたのです。

　「おばあちゃんのことを毎日こうやって思い出して、共に過ごした思い出を語り続けていれば、おばあちゃんは天国で幸せに暮らせるのか！」と思うと、胸がホッと温かくなったのです。皆さんは、今はこの世にいない大切な人のことを、忘れずに思い出していますか？

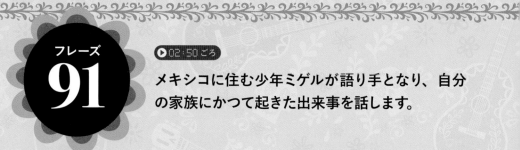

▶ 02:50ごろ

メキシコに住む少年ミゲルが語り手となり、自分の家族にかつて起きた出来事を話します。

ミゲル

You see, that woman was my great-great-grandmother, Mamá Imelda.

ほら、あの女性こそが僕のひいひいおばあちゃん、ママ・イメルダ。

ウェイ　ベフォー

She died way before I was born.

僕が生まれる **ずっと前に** 亡くなった。

語注 great-great-grandmother：ひいひいおばあちゃん／ way：かなり、ずっと

「かなり前」を表すway before

way before（ずっと前に）は、「かなり前」と強調したいときに使えるフレーズ。このwayは副詞で「かなり、とても、ずっと」といった強調の意味です。ただし、どんな単語でも強調できるわけではなく、以下に挙げる特定の言葉の前にだけ置くことができます。

①比較級の前
　例：This is way better.（こっちのほうがずっといいね）
②too（〜すぎる）の前
　例：This is way too big.（これ、ホント大きすぎる）
③その他のよくくっ付く単語
　例：way beyond（かなり上）、way behind（かなり後ろ）など

　上で例に挙げた文や表現は、ネイティブの口から本当によく聞きます。その1つが、映画にも登場するway beforeなんです。会話の中でwayが聞こえたら「強調の意味かな？」とも疑ってみてください。そして、way better、way too big、way beforeのようなよく使われるパターンも覚えておきましょう。254ページにあるミゲルのセリフBut now I run like this which is way faster.（でも今の走り方はこう。こっちの方がずっと速いんだ）にも、way faster（ずっと速い）が出てきますよ。

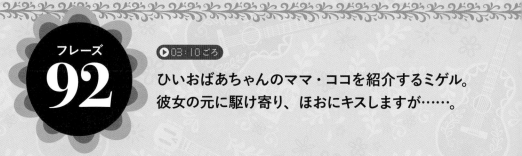

フレーズ 92

▶03:10ごろ

ひいおばあちゃんのママ・ココを紹介するミゲル。
彼女の元に駆け寄り、ほおにキスしますが……。

ママ・ココ

How are you, Julio?
元気かい、フリオ？

ミゲル

Actually, my name is Miguel.
実は、僕の名前はミゲル。

ヘェアズ　トゥウァボー　ウェメンバウェン　セングズ

Mamá Coco has trouble remembering things.
ママ・ココは ちょっと忘れっぽくて、物事を覚えるのに一苦労なんだ。

「〜するのが苦手」と言いたいときに

　have trouble 〜 ingは、「〜するのが苦手だ」という意味のフレーズです。直訳は「〜することに問題を抱えている」です。troubleの後には、苦手とする行動を表す動詞の-ing形を置きます。例えば、I have trouble getting up early every morning.（毎朝、早起きするのに苦労してるんだよね［＝早起きが苦手］）という感じです。

　映画での使われ方も見てみましょう。年老いて物事を覚えるのが苦手になったママ・ココ。そうした彼女の状態を、Mamá Coco has trouble remembering things（ママ・ココは物を覚えるのに問題を抱えている＝覚えるのが苦手、忘れっぽい）と言っています。この場合、troubleの前に冠詞a/theは付きませんのでご注意を。

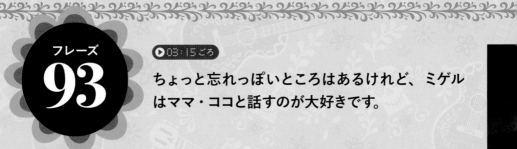

フレーズ 93

▶03:15ごろ

ちょっと忘れっぽいところはあるけれど、ミゲルはママ・ココと話すのが大好きです。

But it's good to talk to her anyway.
それでも、ママ・ココと話すのは楽しい。

プウェリー　マッチュ

So, I tell her pretty much everything.
だから、**だいたい** 何でも言っちゃう。

I used to run like this.
これが前の走り方。

But now I run like this which is way faster.
でも今の走り方はこう。こっちの方がずっと速いんだ。

And the winner is Luchadora Coco!
勝者はルチャドーラ・ココ！

語注 **used to** 〜（動詞の原形）：以前は〜していた／ **Luchadora**：女性のプロレスラー

「ほとんど」「だいたい」を表すpretty much

　pretty muchは「ほとんど」「だいたい」と言いたいときに使えるフレーズです。「ほとんど」と聞くとalmostを思い浮かべる方も多いのではないでしょうか？ pretty muchとalmostは同じ意味なので、どちらを使っても問題ありません。ただ、会話ではpretty muchも非常によく聞くので、その使い方を見ておきましょう。

　まず、pretty muchはリアクションとしてよく使われます。例えば、Did you finish your homework?（宿題終わった？）と聞かれてPretty much.と答えると、「うん、だいたい終わった」の意味になります。このように、何かを質問されて「ほとんど」「だいたい」と答えたいときに、非常によく使われます。

　もう１つ、pretty muchは特定の言葉とよくくっ付きます。例えば、pretty much the same（ほとんど同じ）、pretty much everything（ほとんどすべて）など。このシーンでも、I tell her pretty much everything.（ママ・ココにはだいたい何でも言っちゃう）と言っていますよね。

　覚えたフレーズを会話で使いこなすためには、このように「よくくっ付く言葉」とセットで覚えておき、少しずつそれを会話に取り入れていくことが大切です。「ほとんど」と言いたいとき、almostを使ってももちろん構いません。ですが、「あ！ pretty much って everythingとくっ付くんだ〜」と知ったならば、pretty much everythingをセットで自分の口癖に仲間入りさせてあげてください。そうすると、実際に会話で使えるフレーズが増え、どんどん表現力が豊かになっていきますよ。

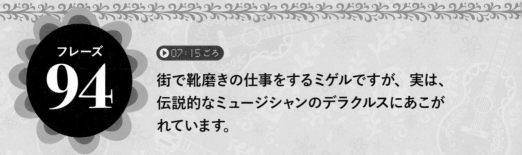

街で靴磨きの仕事をするミゲルですが、実は、伝説的なミュージシャンのデラクルスにあこがれています。

楽団員

The music competition for Día de Muertos.
死者の日の音楽コンテストさ。

You wanna be like your hero? You should sign up!
あこがれの人になりたい？　なら出場しろ！

ミゲル

Uh-uh. My family would **freak** !
フウィーック
いや。家族が **パニクる** よ！

語注 **Día de Muertos**：スペイン語で「死者の日」。ラテンアメリカで10月末〜11月初めに死者の魂を迎え祝う日で、特にメキシコの祭礼が有名／**sign up**：参加を申し込む

パニックのときはfreakを使おう

　freak（パニクる）は、「パニック状態」を表したいときに使える単語。怒ったり、興奮したり、驚いたりと、いろいろな感情から起こる「パニック状態」を表します。いいことに対しても、悪いことに対しても使えます。

　映画のシーンでは、「（家族が）怒る」というイメージで使われています。もしミゲルが音楽のコンテストに出たら、彼の家族はきっと怒り狂い、パニック状態になりそうですよね。その様子が freak のイメージです。ここでは「怒る」というニュアンスですが、最初に述べたように、freakが表すのは必ずしも怒りの感情だけではないことを覚えておいてください。

　日常会話でよく使う形を紹介しましょう。それは、〜 freak me out（〜のせいでパニックになる）です。誰かや何かのせいでパニック状態になったとき、He freaked me out.（彼が私をパニック状態にさせた）のように言うことができます。この場合も、「怒り」「興奮」「驚き」など状況に応じていろいろな意味になります。「freak＝（いろいろな感情による）パニック状態」と覚えるとよいでしょう。

ミゲルは母親のルイサに、広場で行われる「死者の日のコンテスト」に出たいと告げます。

ミゲル

Well, they're having this talent show.
コンテストがあるんだ。
And I thought I might...
それで、僕も……。

ルイサ

サインナップ
Sign up?
出る気？

語注 **talent show**：才能発揮ショー、（アマチュアの）芸能コンテスト／**might** 〜（動詞の原形）：〜してもいいかもしれない

広く「参加する」ときに使えるsign up

sign upは「参加する」「出場する」「応募する」「登録する」などの意味で、何かに参加するときに使えるフレーズ。signには「〜に署名する」の意味がありますが、sign upもそのまま「名前を書く」イメージです。名前を書いて「はい！私、やります！」と言う場面を思い浮かべてみてください。

このシーンでは、ルイサ（ミゲルのお母さん）がミゲルに「コンテストに出場する気？」と問い詰めていますね。ほかに、18：40ごろにもCan I still sign up?（まだ参加できますか？）というミゲルのセリフがあります。ほかにも、I want to sign up.（参加したいです）など、いろいろな場面で使われるフレーズです。

ただ「参加する」の日本語だけで覚えてしまうと、実際の会話では使いこなせません。なぜなら、場面に応じて日本語訳は変わるからです。例えば、スマホでアプリに新規登録する場合も sign up を使います。この場合は「登録する」の意味です。また、イベントに応募する場合も sign up を使います。この場合は「応募する、申し込む」などが自然な日本語でしょう。大切なことは「はい！私、やります！」のイメージで覚えることです。

具体的に参加するものを表すときは、sign up for 〜（〜に申し込む）のようにforを付けてあげましょう。例えば、I signed up for the event.（そのイベントに申し込んだ）といった具合です。

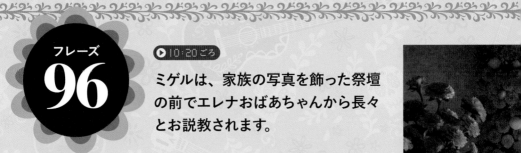

▶10:20ごろ

ミゲルは、家族の写真を飾った祭壇の前でエレナおばあちゃんから長々とお説教されます。

エレナおばあちゃん

Ay, *Dios mio*.
ああ、なんてこと。
Being part of this family means being here for this family.
家族なら家族のそばにいるんだよ。

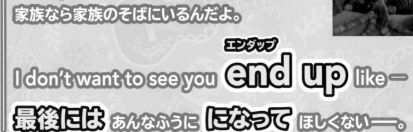

I don't want to see you end up like ―
最後には あんなふうに になって ほしくない――。

ミゲル

Like Mamá Coco's papá?
ママ・ココのお父さんみたいに?

エレナおばあちゃん

Never mention that man!
He's better off forgotten.
あいつの名前は口に出すな!
あいつは忘れられたほうがいい。

語注 **Dios mio.**：My God.（なんてこと）を意味するスペイン語／**mention**：～をちらっと口に出す／**better off** ～：～の状態のほうがいい／**forgotten**：forget（～を忘

「最終的に」のニュアンスを持つend up

　end upは、「最終的に〜の状態になる」と言いたいときに使えるフレーズ。「最終的に〜にたどり着く・行き着く＝最終的に〜になってしまう」というイメージです。

　このシーンでは、I don't want to see you end up like（Mamá Coco's papá）.（あなたが最終的に［ママ・ココのお父さん］みたいになっちゃうのを見たくないんだよ）と言うエレナのセリフで使われています。〈see ＋人＋動詞の原形〉で「人が〜するのを見る」の意味になります。

　end upの後ろには、動詞の-ing形を置くことも多いです。例えば、Nobody helped me so I ended up finishing it all by myself.（誰も手伝ってくれなかったから、最終的に全部1人でやったよ）という感じです。この形も覚えておいてくださいね。

　では、「（今までいろいろな場所に住んできたけど）最終的に大阪に住むことになった」はどう表しますか？　正解はI ended up living in Osaka.です。

れる）の過去分詞

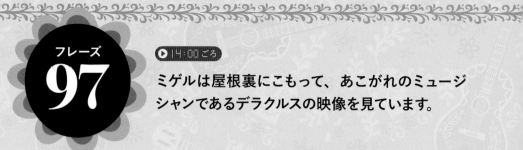

デラクルス

It was up to me to reach for that dream.
夢に向かって手を伸ばすかは自分次第だった。
Grab it tight and

メイケッ　カム　トゥウー

make it come true.

しっかりつかんで、**実現させる**んだ。

語注 **up to 〜**：〜次第で／ **reach for 〜**：〜を求めて手を伸ばす／ **grab**：〜をひっつかむ／ **tight**：しっかりと、きつく

「夢をかなえる」を英語で言うと？

　make it come trueは、「目標を実現させる」「夢をかなえる」と言いたいときに使えるフレーズ。dreams come true（夢はかなう）という表現は聞いたことがあると思います。では、「私は夢をかなえたい」と言いたいときはどうなるでしょうか？ I want to... dreams come true...や、I want to come true my dreams...のように、「夢をかなえたい」をI want toとdreams come trueで表現しようとして詰まってしまう学習者の方が非常に多いです。おそらく、「夢がかなう＝Dreams come true.」の形が頭にこびりついていることが原因でしょう。正解は、I want to make my dreams come true.です。

　come trueは「（夢が）実現する」の意味で、「（自分で）実現させる」や「（自分で）かなえる」の意味ではないんです。でも、make A B（AをBの状態にさせる）を使ってmake my dreams come trueの形にすれば、come trueを使うことができます。「私は自分の夢を実現させたい」と言いたいときは、I want to make my dreams come true.と言えるようにしましょう。

　あるいは具体的な夢を言いたいときは、このシーンのセリフのI want to make it come true.を使って、I have a dream and I want to be a doctor! I want to make it come true.（医者になりたいって夢があるんだ！ それを実現させたい）のように言ってみてくださいね。余談ですが、このように、言いたいことは1文にまとめようとせず、複数の文に分けて表すと言いやすいですよ。

98

▶ 14:10ごろ

デラクルスの言葉に勇気をもらったミゲルは、
コンテストに出ることを決意します。

ミゲル

ノーウ モアー ハイデェン(グ)

No more hiding, Dante.

もう隠れるのは終わりだ、ダンテ。

I gotta seize my moment!

チャンスをつかむ！

I'm gonna play in Mariachi Plaza if it kills me.

何があってもマリアッチ広場で演奏する。

語注 **gotta**：＝have got to＝have to ／ **seize**：〜をつかむ。seize 〜 's momentで「チャンスを捕らえる」の意／ **if it kills me**：何が何でも

「もう〜しない」を表す No more 〜ing.

No more 〜ing.は、「もうこれ以上〜しない」と言いたいときに使えるフレーズ。この場面では、No more hiding.（もうこれ以上は隠れない＝もう隠れるのは終わりだ）というセリフで使われています。「もうコソコソするのはやめて、堂々と自分の夢をかなえに行こう」と考えるミゲルの心情が読み取れます。

『リメンバー・ミー』には何度もNo more 〜.の形が登場します。例えば、No more shining shoes.（もう靴を磨かなくていい／15：05ごろ）や、No more music.（もう音楽はナシだ／17:40ごろ）などです。No more music.では、No more の後ろに名詞（music）が置かれています。このように、No moreの後ろには「動詞の-ing形」または「名詞」を置きます。

No more video games.（もうテレビゲームは終わり）、No more dancing.（もう踊るのは終わり）、No more singing.（もう歌うのは終わり）など、誰かに伝えるときはもちろん、自分自身に対して「もう〜しないぞ！」という自戒の意味で使うこともできますよ。

デラクルスのギターを弾いて力を宿したミゲルは、
墓場でガイコツ姿の祖先たちの姿が見えるように
なり……。

オスカル

Oye! It's Mamá Imelda.
大変だ！　ママ・イメルダが。

フェリペ

She couldn't cross over.
渡れなかった。

オスカル

She's stuck!
足止めされてる！

フェリペ

アンディ　アダー　サイッ(ドゥ)
On the other side!
反対側で！

語注 **oye**：スペイン語で「おい、ねえ」／ **cross over**：横切る、渡る／ **stuck**：動けな
くて（p. 28のフレーズ4で解説した「引っかかって動かない」イメージが再登場）

the otherは２つあるうちの「もう片方」

　on the other sideは「反対側に」という意味のフレーズ。ここで、日常会話でもよく使うthe other（もう一方の）のイメージをつかんでみましょう。机が２つあるとします。英語では、そのうちの１つの机はoneで表し、もう１つをthe otherで表します。このように何かが２つあるときの「もう１つ」を表す言葉がthe otherです。

　このシーンに出てくる「橋」に注目してみましょう。橋の片方に入り口（one）があり、もう片方にも入り口（the other）があるはずです。また、on the street（道の上に）と言うように、道路や道の「上に」を表すときはonを使います。結果、on the other sideで「（橋の）反対側」になるわけですね。

　もう１つ、赤信号で信号待ちをしている自分をイメージしてみてください。そして、反対側（向こう側）の通りに友達がいるとします。この場合、My friend is on the other side of the street.（友達が通りの反対側にいる）と表せます。日常会話では、of the streetは省略して、My friend is on the other side.でも構いません。英語フレーズは１語でも少なくして暗記するのがコツでしたよね！

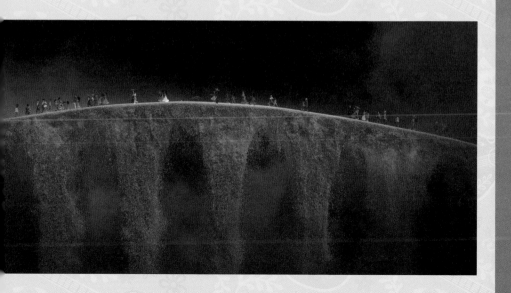

▶25:35ごろ

リヴェラ家の先祖たちと死者の国へ向かうミゲル。
生者の姿をした彼は目立ってしまいます。

ガイコツの母親

エッツ ナッ ナイス トゥー
Mija, **it's not nice to**
stare at ── Ay! Santa Maria!
ほら、ジロジロ見る **のはよくないわ**
──きゃっ！ 大変！

語注 ▶ **mija**：スペイン語で「私の娘」 ／ **Santa Maria**：「聖母マリア」を意味するスペイ
ン語で、驚きを表す

誰かにやんわり注意するときに

It's not nice to 〜. は「〜するのはよくない」という意味で、誰かの失礼な行動を注意したいときに使えるフレーズ。That's rude!（失礼だよ！）と、ダイレクトに人に注意するのは気が引けますよね。そのようなときは、It's not nice.（よくないよ）を使うことをオススメします。比較的ダイレクトに物事を言う印象のある欧米人の口からも、意外とこのフレーズを聞きます。

このシーンでは、ガイコツのお母さんが子どもに It's not nice to stare at 〜（〜をジロジロ見たらダメよ）と注意しています。このように、具体的に「〜するのはよくない」と言いたいときは It's not nice to 〜（動詞の原形）. の形で、toの後に動詞の原形を続けます。It's not nice to make noise while eating.（食事中に音を立てるのはよくないよ）のように、「〜されるのが嫌」「〜しないでね」と人に伝えたいときにも使える表現です。It's not nice.（よくないよ）だけで使ってもOKですよ。

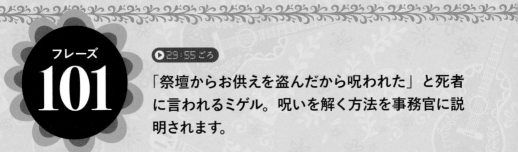

フレーズ 101

▶ 29：55 ごろ

「祭壇からお供えを盗んだから呪われた」と死者に言われるミゲル。呪いを解く方法を事務官に説明されます。

事務官

Well, since it's a family matter, the way to undo a family curse is to get your family's blessing.

まあ、これは家族の問題だから、家族の呪いを解くには家族の許しを得ることだ。

ミゲル

That's it?

それだけ？

事務官

Get your family's blessing and everything should

ゴーウ　ベェァック　トィゥー　ノーモー

go back to normal.

家族の許しさえ得れば、何もかも**元に戻る**はずさ。

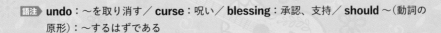
語注 **undo**：〜を取り消す／**curse**：呪い／**blessing**：承認、支持／**should** 〜（動詞の原形）：〜するはずである

270

「元に戻る」を表すgo back to normal

　go back to normalは、「元の状態に戻る」と言いたいときに使えるフレーズ。何かがめちゃくちゃになってしまった後、元に戻るイメージです。

　このシーンでは、死者の国に来てしまったミゲルに対して事務官が「家族の許しさえ得れば、何もかも元に戻る」と言っています。go back to normalだけを覚えていても会話で使いこなせないので、「使えそうな文でインプット」しておくことをオススメします。

　例えば、I hope things go back to normal.（何もかも元に戻るといいな）などは、よく使われます。映画のセリフにあるEverything should go back to normal.（何もかも元に戻るはず）も使える文です。ちなみに、このshouldは「〜するはずだ」という意味です。

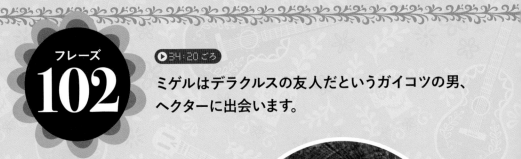

▶34:20 ごろ

ミゲルはデラクルスの友人だというガイコツの男、
ヘクターに出会います。

ヘクター

No, no, niño!
待てよ、少年！

Niño, niño, I can help you.
なあ少年、俺はお前を助けられる。

You can help me.
お前は俺を助けられる。

We can help each other.
お互い助け合おう。

モーウスッ　エンポーンツリ
But most importantly,

you can help me.
一番大事なのは、 お前が俺を助けることだけど。

語注 **niño**：スペイン語で「男の子、少年」

272

重要な話をする前の前置きに使おう

　Most importantly,〜.（一番大切なことは、〜だ）は、重要な話をする前に使える
フレーズ。文の前に副詞（句）を置いて、その後ろに続く「文全体」を修飾します。
副詞はたいてい、-ly で終わる単語ですね。例えば、Unfortunately,〜.（残念なことに、
〜だ）やLuckily,〜.（ラッキーなことに、〜だ）も副詞です。「〜」には文（主語＋動詞）
の形がきます。

　Most importantly,を文の頭に置くことで、「一番大切なことは……」と前置きでき
ます。「今から大切な話をするよ〜」と、相手の注意を引くことができるのです。英
語では、このような副詞（句）を文の先頭に置くことが非常に多いです。

　このシーンでは、Most importantly, you can help me.（一番大事なのは、お前
が俺を助けることだ）というセリフで使われています。何か重要な話をするときは、
Most importantly,を文頭に置いて話してみてくださいね。例えば、Most importantly,
we should study English every day.（［いろいろ勉強法はあるかもしれないけど］一
番大事なのは、英語を毎日勉強すべきってこと）という感じです。

　ほかに、Technically,〜.（厳密に言うとさ、〜だ）/ Personally,〜.（個人的にはさ、
〜だ）/ Surprisingly,〜.（驚いたんだけどさ、〜だ）といった会話でよく聞く表現も、
Most importantly,〜と同じように前置きとして使われます。

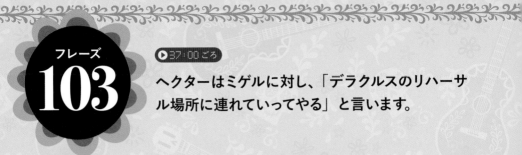

ヘクターはミゲルに対し、「デラクルスのリハーサル場所に連れていってやる」と言います。

Come on. I'll get you to him.
来いよ。彼に会わせてやる。

How?
どうやって？

アイ　ヘェァペン　トゥー　ノーウ
Because I happen to know where he's rehearsing.
リハーサルをしている場所を
たまたま知ってるんだ。

語注 **rehearse**：リハーサルをする

274

happenがもつ「偶然」のニュアンス

I happen to know 〜. （〜をたまたま知ってる）は、何かを偶然知っているときに使えるフレーズ。happen to 〜（動詞の原形）で「たまたま・偶然〜する」の意味になり、toの後には動詞の原形がきます。happenは「〜が起きる」という意味ですよね。何かが「起きる」というのは基本的に「偶然である」ことが多いと思います。つまり、happenには「偶然」のイメージがあると考えると、happen to 〜の意味も覚えやすいのではないでしょうか。

このシーンでは、I happen to know where he's rehearsing.（彼がリハーサルをしている場所を、たまたま知ってるんだ）と言うヘクターのセリフで使われています。I happen to know 〜.（〜をたまたま知っている）は日常会話でもそのまま使えるので、覚えておきましょう。

I happened to see Tom.（トムにたまたま会った）のように過去の出来事について話すときは、I happened to 〜.のようにhappenを過去形にします。happened toに続く動詞は原形のままなので、注意しましょう。

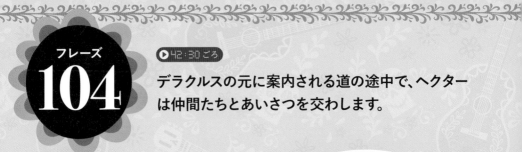

デラクルスの元に案内される道の途中で、ヘクター
は仲間たちとあいさつを交わします。

ミゲル

These people are all your family?
この人たち、
みんな家族なの？

ヘクター

Uh... In a way. We're all the ones with no photos or ofrendas.
ああ……まあな。俺たちみんな、写真も祭壇もない。

No family to go home to.
帰る家もない。

Nearly forgotten, you know?
忘れ去られたようなもんだ。

So, we all call each other cousin, or tío,
オアー　ウワレヴァー
or whatever.
だから互いを「いとこ」とか「おじさん」とか何とか
呼び合ってんだ。

語注 **ofrenda**：スペイン語で「祭壇」／**nearly**：ほとんど、だいたい／**tío**：スペイン語で「おじさん」

～or whateverは「～とか何とか」

　～ or whatever（～とか何とか）は、いろいろな例を並べた「一番最後」に置くフレーズ。whateverには「何でも」という意味がありますが、or whateverは「何でもいいよ」と投げやりになっているわけではなく、「～とか」「～とか何とか」のように、あまり意味のない「口癖のようなコトバ」として使われます。

　例えば、仕事のグチを言う場面。「昨日、上司に怒られていろいろ言われちゃってさ。仕事が遅い、笑顔がない、元気がない……とか何とか」などと言ったりしますよね。この最後の「とか何とか」が、or whateverの感覚です。日本語でも、「とか何とか」「とかいろいろ」という言葉自体に深い意味はありませんよね。英語でも同様で、口癖っぽく足される定型フレーズです。

　何か具体的な物事をいくつか羅列した後に、or whateverと付けてみてください。とても自然な英語に聞こえますよ。ネイティブも非常によく使う表現です。

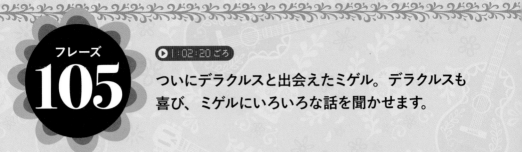

ついにデラクルスと出会えたミゲル。デラクルスも喜び、ミゲルにいろいろな話を聞かせます。

デラクルス

All of this came from my amazing fans in the Land of the Living.
すべて生者の国にいるファンからの贈り物だ。

They leave me more offerings than I know what to do with!
持て余すほどのお供えをくれるんだ！

Hey, what's wrong?
おい、どうした？

Is it too much?
驚かせたか？

You look

オーウヴァーウェオムッ（ドゥ）
overwhelmed.

圧倒されてる みたいだ。

語注 offering：供物

278

「圧倒された」ときのoverwhelmed

　overwhelmed（圧倒されている）は、何かに強く影響を受け、ひどく喜んだり、悲しんだり、疲れたりしたときに使える表現。この単語はポジティブ・ネガティブどちらの場面でも使えます。感動するパフォーマンスを見て I'm overwhelmed.とも言えますし、毎日の忙しさに押しつぶされて I'm overwhelmed.とも言えます。I'm overwhelmed.の形は会話でよく使うので、そのまま覚えてしまいましょう。

　このシーンでのミゲルの様子を見てみましょう。「音楽はダメ！」と家族に怒られ、死者の国に迷い込み、尊敬してやまないデラクルスに会え、彼にいろいろな物を見せてもらい……1日でたくさんのことを経験しましたよね。そんなミゲルの表情を見て、デラクルスはYou look overwhelmed.（圧倒されてるみたいだ）と言います。ここでは「しんどそうだね」といったニュアンスです。

　英単語には、「この単語＝この日本語訳」と1つに決められないものが多くあります。overwhelmedもその1つでしょう。「圧倒されている」という訳語だけで覚えず、「何かに強く刺激を受けている状態なんだなぁ」と大きな意味で捉えましょう。

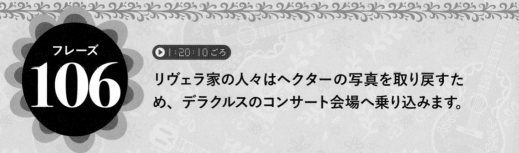

フレーズ 106

▶ 1:20:10 ごろ

リヴェラ家の人々はヘクターの写真を取り戻すため、デラクルスのコンサート会場へ乗り込みます。

ママ・イメルダ

That's for murdering the love of my life!
これは私の愛する人を殺した仕返し！

デラクルス

Who —— Who the ——
誰、誰を——。

ヘクター

She's talking about me! I'm the love of your life?
俺のことだ！　俺って君の「愛する人」？

ママ・イメルダ

I don't know.
さあね。

アイム　ステオ　エァングウィー　エアッ(トゥ)　ユィゥー

I'm still angry at you.
まだあんたに怒ってる。

語注 murder：～を殺す

angryと一緒に使う前置詞は？

　I'm angry at 〜. は、「〜に怒っている」と言いたいときに使えるフレーズ。angry（怒っている）は、誰もが知っている単語だと思います。ですが、「あなたに怒っている」と言いたいとき、サッと文を作れますか？ 簡単な単語を会話で使いこなせない要因の１つとして、その単語を「文の中でどのように使うのかを知らない」こともあると思います。angry は angry at 〜のように、at と一緒に使うことで「〜に怒っている」を表すことができるんです。

　たいていの場合、「私は彼に怒っている」「彼女は私に怒っている」のように、「〜に怒っている」と言うことが多いはずです。ですから、angryの単語「だけ」を覚えていては使いこなせないわけです。angry at 〜の形で覚えることが大切です。

　映画では、ママ・イメルダがヘクターに I'm still angry at you.（私はまだあんたに怒ってる）と言うセリフで使われています。「今までずっと怒っていて、今もまだ怒っている」ということです。映画のシーンとともに、angryの使い方をしっかり覚えてくださいね。このように「文の中でどのように使うのかを知る」暗記法を、ぜひ意識してみてください。

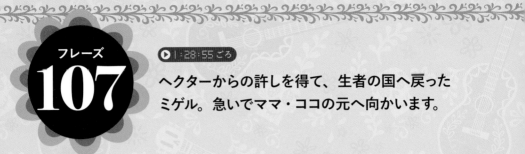

▶ 1:28:55 ごろ

ヘクターからの許しを得て、生者の国へ戻った
ミゲル。急いでママ・ココの元へ向かいます。

エレナおばあちゃん

ウェアー　ヘァヴユイゥー　ベーンヌ
Where have you been?
今までどこにいたの？

I need to see Mamá Coco, please.
ママ・ココに会わなきゃ、お願い。

ミゲル

「今までどこにいたのか」を尋ねるときに

Where have you been?（今までどこにいたの？）は、誰かが長い時間不在にしていたときに使えるフレーズ。会話でサッと聞きたいフレーズなので、この形のまま覚えておきましょう。現在完了形のhaveを使い、〈have＋動詞の過去分詞〉で「今までずっと〜だった」という継続の意味を表していますね。

映画でも、ずっと死者の国にいたミゲルに対して、エレナがこの言葉を投げかけています。「しばらくの間、不在にしていた」というニュアンスが、このシーンからも伝わってくると思います。

一方、相手が「今」どこにいるのかを知りたいときは、Where are you?（今どこにいるの？）を使います。Where have you been?（今までどこにいたの？）との違いを整理しておきましょうね。

Chapter
10

トイ・ストーリー

TOY STORY

『トイ・ストーリー』から、
日常会話で役立つフレーズを見ていきましょう。

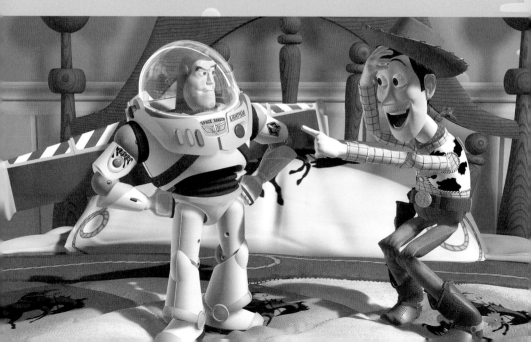

フレーズが口から出やすくなるコツ⑩

暗記：自分の言葉＝３：７

「英語を話せるようになりたい！」と思うと、つい英単語やフレーズの暗記に集中しがちです。でも、どこかの段階で「暗記をやめるべきタイミング」がきます。**自分が知っている単語を使って、英文を作る練習をしないといけなくなる**のです。それが「３：７」という割合の意味です。本書に出てくるような、会話でそのまま使える英語の割合は３割。残り７割は、自分の気持ちを、今知っている単語で表現する練習です。

世の中には「これを英語で何て言うか知ってる？」といった内容の学習教材があふれています。そこで紹介されているフレーズは、同じ場面に出会わない限り使えません。例えば、「バス停にはどうやったら行けますか？→How can I get to the bus station?」とある場合、バス停を探していて、かつ道に迷ったときにしか使えませんよね。実際には、道に迷っている人に「バス停を探していますか？」と聞きたいかもしれません。「このバス停から出るバスは〜に行きますか？」と尋ねたいときもあるでしょう。「この日本語＝このフレーズ」と結び付けた暗記だけをしていては、自分の気持ちを表せなくなってしまいます。

もちろん、「３：７」の「３割」を占める部分のフレーズ暗記はとても大切です。ただ、その「３割」の学習がある程度終わったら、これまでに覚えた英単語やフレーズを使って、自分の気持ちを表現する練習に切り替えましょう。本書がその３割の一部分を担い、やがて、７割の部分の練習に切り替えるきっかけになれたらうれしいです。

カウボーイ人形のウッディは、
アンディの一番のお気に入りのおもちゃであり、
仲間のおもちゃたちのリーダー的存在でした。
ところが、アンディの誕生日に最新型のスペース・レンジャー、
バズ・ライトイヤーがやってきたことで、
アンディはバズに夢中に。
嫉妬したウッディがいたずらしたために、バズは部屋の窓から転落!
ウッディはバズを探しに行きますが、ひょんなことから
バズと共にいじめっ子の少年シドに捕まってしまいます。

キャラクター紹介

ウッディ
Woody

カウボーイ人形で、
アンディの一番のお
気に入り。仲間から
の信頼も厚い、頼れ
る存在

バズ・ライトイヤー
Buzz Lightyear

最新型のスペース・
レンジャー。自分が
おもちゃではないと
思い込んでいる

スリンキー・ドッグ
Slinky Dog

ダックスフンドのよ
うな犬のおもちゃ。
胴体部分はバネのた
め伸び縮みできる

ミスター・ポテトヘッド
Mr. Potato Head

目や耳などのパーツ
が取り外し可能な
ジャガイモ頭のおも
ちゃ。いつも皮肉を
言う

ハム
Hamm

ブタの貯金箱。毒舌
で頑固だが、ピンチ
になると機転を利か
せて仲間を助ける

レックス
Rex

ティラノサウルスの
プラスチック製のお
もちゃ。気が弱くて
大人しい性格

ボー・ピープ
Bo Peep

羊飼いの陶器製の人
形。心優しい性格で、
相思相愛のウッディ
を何かと気にかける

アンディ
Andy

ウッディたちの持ち
主で、おもちゃをと
ても大事にしている
男の子

この作品に対するそーたの想い

　アンディとそーたは同年代！ シリーズ１作目の『トイ・ストーリー』が公開されたとき、そーたとアンディはほぼ同い年でした。そして『トイ・ストーリー３』が公開された2010年は、そーたもアンディも17歳。大学進学を目前とし、「大人と子どもの狭間」で微妙な心境を抱きながら、『トイ・ストーリー３』を映画館で見たことを鮮明に覚えています。だからこそ、子どもから大人へと成長するアンディの気持ちが痛いほどに理解できたのです。

　『トイ・ストーリー』が公開されたときは、「おもちゃが動いている」という画期的なコンセプトに興奮もしました。でも、おもちゃにはおもちゃの役割があり、それ以下にもそれ以上にもなれない、ちょっぴり切ない作品でもあると感じます。

▶ 04:40 ごろ

階下でアンディの誕生日パーティーの準備が進む中、2階にあるアンディの部屋では、ミスター・ポテトヘッドが自分の顔のパーツを動かしています。

ミスター・ポテトヘッド

Hey, Hamm.
なあ、ハム。

Look, I'm Picasso!
見ろよ、私はピカソ！

ハム

アイ　ロン　グレッ(トゥ)
I don't get it.
よくわからん。

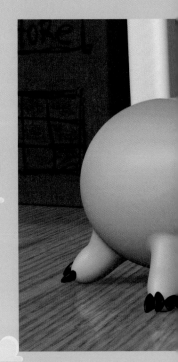

「よくわからない」ときに言いたいフレーズ

I don't get it.（よくわからない）は、要点を理解できないときに使えるフレーズ。主旨や意図などの「本質」を捉えられないときに使えます。『リトル・マーメイド』の章で I got it.（わかった）を紹介しましたが（p. 42）、これは「要点を理解した」イメージだと説明しました。その否定文が I don't get it. なので、今度は「要点を理解していない」イメージとなります。

映画では、ミスター・ポテトヘッドのジョークを理解できなかったハムが、I don't get it. と言っています。ジョークにも「ここが面白いポイント」という、ミスター・ポテトヘッドなりの意図があったはずです。その「意図」をつかめなかったハムの心情が、このセリフから読み取れます。

日常会話でも「ん？よくわからない」「何が言いたいの？」「何をしたいの？」と要点を理解できなかったときに、I don't get it. と言ってみてください。きっと相手は、もっと詳しく説明をしてくれるはずです。

▶06:50ごろ

アンディの一家は引っ越しをする予定。ウッディ
は、誰も迷子にならないよう対策を練ります。

ウッディ

Has everyone picked a moving buddy?
みんな、引っ越しペアは組んだか？

レックス

What?
何だって？

ハム

Moving buddy? You can't be serious.
引っ越しペア？　冗談だろ。

（中略）

語注 **buddy**：（二人組の）相棒

ウッディ

You guys think this is a big joke.
壮大なジョークだと思ってるだろ。

ウィーヴ　オーウンリー　ガッ　ウワン　ウィーク　レフッ(トゥ)

We've only got one week left before the move.

引っ越しまで **あと1週間しかないんだ**。

I don't want any toys left behind.
誰も置き去りにされてほしくない。

「残っている」と言いたいときの left

　We've only got one week left.（あと1週間しかない）は、残り時間が迫っているときに使えるフレーズです。We'veはWe haveの短縮形。have got（〜を得た）はhave（今〜を持っている）と同じニュアンスと捉えるとよいでしょう。主語は状況に応じて変えてください。また、one weekの部分も two hours（2時間）や four days（4日）などに変えて言えるように、ぜひ今、何パターンか言ってみましょう。

　left は leave（〜を残していく、〜を置き去りにする）の過去分詞で、「残された、置き去りにされた」の意味です。「残されたもの」の後ろに left をチョコンと置いてあげることで、「〜が残っている」という意味を表せます。例えば、There is some water left.（水が残っている）という感じです。この映画の12：20ごろにも、Only one left.（[プレゼントが] 1つだけ残ってる）というセリフがあります。

　There is 〜 left.や I have 〜 left.のように、left はいろいろな文にチョコンと入ってきます。とはいえ、それらのパターンを全部覚えようとすると、実際の会話でどれも口から出てこなくなってしまうので、まずは I've only got 〜 left.（〜しかない）で覚えておきましょう。似たようなフレーズを全部覚える必要はありませんからね。

▶08:40ごろ

おもちゃたちは、アンディの誕生日プレゼントがたくさん届く様子を窓辺から見ています。

ハム

Ho, boy!
なんてこった！

テイクァ　ルィウックェァッ(トゥ)
**Will you take a look at
all those presents?**
あのプレゼントの山、ちょっと見てみろよ。

ミスター・ポテトヘッド

I can't see a thing.
何も見えない。

語注 **boy**：おやまあ、わあ／**not ～ a thing**：ちっとも～ない

「ちょっと見て！」と言いたいときに

　Take a look at 〜.（ちょっと〜を見てみて）は、何かを「ちょっと見てほしい」ときに使えるフレーズ。Look at 〜.（〜を見て）という表現は、知っている方も多いと思います。ですが、日常会話ではTake a look at 〜. も非常によく聞きます。誰かに「ちょっと見てみて！」と声をかけるときに使ってみてください。

　映画では、おもちゃたちがアンディの誕生日に用意されたプレゼントの数々を「ちょっと見てみて！」と言うときに使っています。ちなみに、at なしで take a look（見てみる）だけでも使えますよ。この映画の25：00ちょうどあたりでは、バズが I'd better take a look anyway.（とにかくちょっと見てみたほうがいい＝いいから見せてくれ）と言っています。

▶09:55 ごろ

どんなおもちゃがあるのか探ろうとして、
ウッディはパーティー会場に偵察部隊の
グリーンアーミーメンを送り込みます。

アンディのママ

Okay, come on, kids.
さあ、みんな。

Everyone in the living room.
リビングに集まって。

It's almost time for the presents.
もうすぐプレゼントの時間よ。

ハム

All right, gangway, gangway.
さあ、どいた、どいた。

ウッディ

デスエズ　ヘェアーウ
And this is how we find out
what is in those presents.
こうやって プレゼントの中身が何かを知るんだ。

語注 gangway：「道を空けて」という意味のかけ声

「やり方」を伝えるときはhowで

　This is how 〜.（こうやって〜するんだ）は、「こういうやり方でやる」と伝えたいときに使えるフレーズ。〈how＋主語＋動詞〉で「〜が…するやり方」の意味になります。例えば、how I talk（私の話し方）、how he walks（彼の歩き方）、how we do（私たちのやり方）という感じです。つまり、This is how 〜. で「これが、〜が…するやり方です」となるわけです。This is how I talk.なら、「これが私の話し方です」となります。

　ここまでが文法的な説明でした。実際の会話で使うときは、「This is how＝こうやって」と覚えておくと使いやすいです。This is how I talk.なら「こうやって、私は話します」、This is how he walks.なら「こうやって、彼は歩きます」という感じです。「This is how（こうやって）＋we 〜（私たちは〜をします）」のように、This is howで一度、区切ったほうが理解しやすいのではないでしょうか。

　このシーンでは、ウッディが This is how we find out.（こうやって、［プレゼントの中身が何かを］俺たちは知るんだ）と言っていますね。ウッディはグリーンアーミーメン（兵士たちのフィギュア）に、リビングの偵察を命令したのです。日常会話でも「こうやって〜するんだよ」と説明したいときに使ってみてください。

フレーズ 112

▶ 12:35 ごろ

プレゼントの中身に新しいおもちゃはなかったこ
とがわかり、ウッディたちはひと安心です。

グリーンアーミーメン

Mission accomplished.
任務完了。

Well done, men. Pack it up.
みんな、よくやった。撤収だ。

We're goin' home.
これより帰還する。

ウッディ

So did I tell ya? Huh?
だから言ったろ？　な？

ナッセン　ル　ウォーウィー　エァベェァウッ(トゥ)
Nothin' to worry about.
何も心配することはないさ。

298

語注 **accomplish**：〜を成し遂げる／**pack 〜 up**：〜を撤収する／**goin'**：＝going／
ya：＝you

誰かを強く安心させたいときに

　Nothing to worry about.（何も心配することはないよ）は、誰かを安心させたいときに使えるフレーズ。nothing to 〜（動詞の原形）で「〜することは何もない」の意味になります。映画のセリフにあるnothin'は、nothingの口語表記です。Nothing to worry about.は非常によく使われるので、このままの形で覚えておきましょう。

　「心配しないで」と誰かを安心させたいときに使えるフレーズには、ほかにDon't worry.もあります。ただ、日本語でも「心配しないで」よりも「心配することは何もないよ」のほうが「より強い安心感」を感じませんか？ nothing（何もない）という単語が、その強い安心感の理由でしょう。つまり、「全く何も心配しなくていいよ！」と、誰かを強く安心させたいときに使えるのがNothing to worry about.です。

　このシーンでも、ウッディが「（俺たちが新しいおもちゃと取り替えられることはないから）何も心配することはないさ」と、仲間たちを安心させようとして言っていますね。

▶14:30ごろ

新しいおもちゃに興奮したアンディはウッディを
どかし、ウッディはベッドの下に落ちてしまいます。

ウッディ

**I'm sure Andy was just a little excited,
that's all.**
アンディはちょっと興奮しただけさ。

Too much cake and ice cream, I suppose.
ケーキとアイスの食べすぎだな。

It's just a mistake!
ちょっとした間違いだ!

（中略）

レックス

Have you been replaced?
君、捨てられたの?

ウッディ

Hey, what did I tell you アーレアー **earlier** ?

おい、 さっき 言ったろ?

No one is getting replaced.
誰も捨てられたりはしない。

語注 **suppose**：〜と思う／**replace**：〜を（新しい物と）交換する

「ついさっき」を表すearlier

　earlierは、「ついさっき」を表したいときに使える単語。「（時間的に）早い」を表すearlyに比較級の-erを付けた形がearlierです。「さっき」というのは、「今と比較して時間的により早い時点」ですよね。そのため、earlyに比較級の-erが付いていると考えると覚えやすいのではないでしょうか。

　As I said earlier, 〜.（さっき言ったんだけど、〜）も日常会話でよく聞く表現です。このように、「さっき〜した」はI 〜 earlier.で表します。このシーンでも、What did I tell you earlier?（さっき俺はお前らに何て言った？＝さっき言っただろ？）と、ウッディがほかのおもちゃたちに言うセリフで使われています。

　earlyの発音のコツですが、earの部分は口を「ウー」と「アヒル口」にしながら舌を持ち上げると発音しやすいです。口の形を「ウー」としながら、「アー」のような音を出すので、earの部分は「アー」と「ウー」が混ざったような音になります。

ボー
Don't let it get to you, Woody.
心配しないで、ウッディ。

ウッディ
Uh, let what? I don't, uh...
ああ、何に心配するって？　別に何も……。

What do you mean? Who?
何のこと？　誰の話？

ボー
I know Andy's
エケサイレレェアベェアウッ（トゥ）
excited about Buzz.
確かにアンディはバズに 大興奮 。

But you know he'll always have a special place for you.
でも、彼はいつもあなたのために特別な場所を
用意してるわ。

語注　**let ～ ...**（動詞の原形）：～に…させる／**get to ～** ：～を心配させる

excited aboutはセットで覚えよう

　excited about 〜（〜に興奮して）は、何かに興奮しているときに使えるフレーズ。excitedという単語は知っていても、「aboutと一緒に使う」ことはご存じでしたか？ 280ページで紹介したangry at 〜（〜に怒っている）と同様に、excited about 〜も、実際に使われる形を知らないと使いこなせません。

　会話では、ただ「興奮している」と言うのではなく、「（今から行く）コンサートに興奮している」のように、「何に興奮しているか」を具体的に言うことが多いと思います。この文の場合は、I'm excited about the concert.となりますね。excited aboutと、ワンセットで覚えましょう。

　このシーンでは、ボーが I know Andy is excited about Buzz.（アンディがバズに興奮してることは知ってるわ）と言っています。アンディが新しいおもちゃのバズに夢中になっている様子が、excited aboutで表されていますね。

フレーズ
115

▶ 23:10 ごろ

自分を本物の宇宙飛行士だと思っているバズ。
ウッディはその様子にもいら立っています。

ウッディ

He's mine, and no one is taking him away from me.
アンディは俺のものだ、誰にも渡さない。

バズ

What are you talking about?
何の話だ？

Where's that bonding strip?
接着バンドはどこ？

ウッディ

And another thing, stop with this spaceman thing!
もう１つ、その宇宙飛行士的 なやつ はやめろ！

It's getting on my nerves!
イライラするんだよ！

語注 **get on ～ 's nerves**：～をイライラさせる

「〜のやつ」はthingで表そう

　〜 thingは「〜のやつ」という意味で、話をざっくりまとめたいときに使えるフレーズ。日常会話で非常によく使う、くだけた表現です。日本語でも「えーと、この前会ったときは何の話してたっけ？」の質問に対して、「あの、コーヒーのやつでしょ？（＝コーヒー豆をブラジルから調達して焙煎したってやつでしょ？）」のように、「〜のやつ」と表現することがありますよね。あの感覚が〜 thingです。この場合、「コーヒーのやつ」はcoffee thingと表せます。

　このシーンでは、spaceman thingと言っています。Stop with this spaceman thing.を自然な日本語に訳すなら「その宇宙飛行士的なやつ、やめてくれないか」でしょう。レーザーを出してみたり、空を飛ぼうとしてみたり、ヘルメットを被ってみたり……。それらをざっくりまとめてspaceman thingと表しているわけです。

　会話でも、Hey, let's talk about the moving thing next time.（今度、引っ越しのやつについていろいろ話そう！）のように言ったりします。moving（引っ越し）となると、荷物をまとめたり、引っ越し業者を決めたり、新居の家具を買ったり、いろいろやることがあると思います。それらをざっくりまとめてmoving thingと表しているわけですね。

フレーズ 116

▶25：15ごろ

隣の家に住むシドを窓辺から見るおもちゃたち。
シドは、おもちゃを乱暴に扱う恐ろしい少年です。

バズ

You mean that happy child?

あそこにいるいい子か？

ミスター・ポテトヘッド

That ain't no happy child.

いい子なんかじゃないさ。

レックス

He tortures toys,

ジャスッ フォー ファンヌ

just for fun！

シドは、ただ楽しむために
おもちゃをいじめるんだ！

語注 **mean**：～を指して言う／**ain't**：＝is not／**torture**：～をひどく苦しめる

「ただ楽しいから」と言うときのフレーズ

　just for fun（ただ楽しむために）は、「ただ楽しいからやっているだけ」と言いたいときに使えるフレーズ。文の中で使うこともできますし、リアクションとしてJust for fun!（楽しいからやってるの！）と単独で使うこともできます。

　このシーンでは、He tortures toys just for fun.（シドは、ただ楽しむためにおもちゃをいじめるんだ）と文の中で使われています。このように、文の中で使うときは通常「文の後ろ」に置きます。例えば、I'm studying English just for fun.（ただ楽しむために［＝楽しいから］、英語の勉強をしてるんだ」という感じです。この場合、仕事や資格のためにではなく、趣味として楽しみながら学んでいるイメージです。

　リアクションとして単独で使うときの例も紹介しておきましょう。Why are you singing every day?（なんで毎日歌を歌ってるの？）と聞かれ、Just for fun.（ただ楽しいからだよ）と答えると、プロの歌手を目指しているわけでもなく、「ただ趣味として歌を楽しんでいる」と伝えることができますよ。

▶44:40ごろ

シドの家から脱出しようとする
ウッディとバズですが、シドのお
もちゃたちが行く手を遮ります。

The door.
ドアだ。

エッツ　オーウペンヌ
It's open!
開いてる!

We're free!
自由の身だ!

Woody,
we don't know what's out there!
ウッディ、外に何があるかわからないぞ!

語注 **out there**：向こうに、外に

openには形容詞の意味もある

　It's open.（開いてる）は、何かが「開いている状態」を表すフレーズ。openに「〜を開く」「〜が開く」という動詞の意味があることは、知っている方が多いと思います。ですが、「何かが開いた状態」を表す「形容詞」の意味もあることを、つい忘れてしまう学習者が多いように感じます。その結果、openの前にbe動詞を入れ忘れて「それは開く」→It open.（×）、「それは開いた」→It opened.（×）のように間違えてしまう方が多いのです。

　形容詞は物や人の「状態」や「様子」を表し、〈主語＋be動詞＋形容詞.〉の形にします。She is beautiful.（彼女は美しい）、They are big.（あれらは大きい）がわかりやすい例でしょう。beautifulやbigと同様に、形容詞のopenもbe動詞と一緒に使って「何かが開いている状態」を表すのです。

　このシーンでは、ウッディがIt's open!（ドアが開いてる！［状態］）と言います。もちろん、主語を「ドア」にしてThe door is open!でも問題ありません。また、お店が開店しているときにThe store is open.と言うこともできますよ。openに「動詞」と「形容詞」の両方の使い方があることは、忘れないようにしておきましょう。

フレーズ 118

▶ 45:55 ごろ

ウッディの背中から音声が流れてしまったことで、
シドの飼い犬スカッドが目を覚まします。

ウッディのボイスボックス

Yee-haw! Giddyap, pardner!
ヒャッホー！　走れ、相棒！

We got to get this wagon train a-movin'!
馬車を引くんだ！

バズ

スプレラップ
Split up!
二手に分かれよう！

語注　**yee-haw**：ワーイ、ヤッホー／ **giddyap**：進め、はい。馬を走らせるときのかけ
声／ **pardner**：partnerの方言／ **wagon train**：（西部開拓時代の）幌馬車隊

310

splitのイメージは「スパッと分ける」

　Split up!（二手に分かれよう！）は、何かに追われているときに使えるフレーズ。と、言いたいところですが……日常生活で、巨大生物に追われることはまずないと思います。ですが、split［スプレットゥ］（〜を分ける）は非常によく使われるので、この作品の映像と一緒に覚えてほしい単語です。

　splitは「何かを半分にスパッと分ける」イメージです。「分ける」と聞くと、divideを思い浮かべる方もいらっしゃるかもしれません。divideは「分配する」イメージで、「半分にピシッと分ける」イメージではありません。2つの単語の違いを整理しておきましょう。

　このシーンでバズが言う「二手に分かれよう！」も、「まっぷたつにピシッと分かれる」イメージですよね。そのため、splitが使われているわけです。日常会話では、Let's split the bill.（割り勘にしよう）という表現をよく使います。bill（お勘定）を半分にスパッと分けるのが「割り勘」ですからね。

語注 **a-movin'**：movin'（＝moving）の古い形。ここでは方言

▶ 49:45 ごろ

シドの妹ハンナは、バズを人形たちのお茶会の相手にして遊んでいました。ウッディはお母さんの声まねでハンナを外に呼び出します。

ウッディ

Hannah!
ハンナ！

Oh, Hannah!
ねぇ、ハンナ！

ちょっと席を外すときのフレーズ

　I'll be right back.（すぐに戻るね）は、席を外すときに使えるフレーズ。このright は「ちょうど、まさに」という意味で、right here（ちょうどここ）、right now（ちょうど今）、right in front of ～（～のど真ん前）のように、場所や時間を表す副詞・前置詞を強調します。right backもそのうちの一つです。しかし、「場所や時間を表す副詞・前置詞を強調する」といった文法ルールから覚えるとなると、少々おっくうに感じてしまうことでしょう。rightとくっ付く言葉はだいたい決まっています。先ほど挙げたものは特によく使われるので、覚えておくといいですよ。

　映画では、シドの妹であるハンナが、バズとおままごとをしているシーンで使われています。ハンナはレディーになりきっているので、excuse me（失礼します）という丁寧な表現も一緒に使っています。ビジネスシーンなどで丁寧に言いたい場合は、このように excuse me と一緒に言うといいですね。友達との会話では、I'll be right back.だけで問題ないでしょう。

　I'll be right back.は、お手洗いや電話などで席を外すとき、そーたも非常によく使います。そして戻ったときは、126ページで紹介したI'm back.（戻ったよ）を使います。

ハンナ

Mom?
ママ？

Please excuse me, ladies.
失礼、レディーの皆様。

アイオ　ビー　ウァイッ　ベェアック
I'll be right back.
すぐ戻りますわ。

ハンナがいなくなった隙にバズを助けようとする
ウッディですが、バズは少しおかしな様子です。

ウッディ

I think you've had enough tea
for today.
紅茶を飲みすぎたようだな。

Let's get you outta here, Buzz.
さあ行こう、バズ。

バズ

Don't you get it? You see the hat?
わかんねぇのか？ この帽子を見ろ。

I am Mrs. Nesbitt! Ha-ha-ha-ha!
俺はミセス・ネズビットだ！ ハハハハ！

ウッディ

スネェアップ エァウラヴェッ(トゥ)
Snap out of it, Buzz!
気持ちを切り替えろ、
バズ！

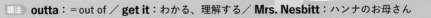

語注 **outta**：＝out of ／ **get it**：わかる、理解する／ **Mrs. Nesbitt**：ハンナのお母さん

クヨクヨしている人を励ますときに

Snap out of it.（気持ちを切り替えて）は、クヨクヨしている人に対して使えるフレーズ。snapは「パチンと音を立てる」という意味。「指をパチンと鳴らす」ときにも使われ、いわば指パッチンです。out of 〜は「〜の外に」という意味。つまり、指をパチンと鳴らした瞬間に気持ちを切り替えて、「それ（今悩んでいること）から離れよう」というイメージです。

このシーンでは、ウッディが自暴自棄になるバズに対して声をかけるセリフとして使われています。「クヨクヨしてないで、気持ちを切り替えろ！」と言っているわけですね。ちなみに、snap out of it は吹き替えでは「落ち着け」、字幕では「やめろ」となっていますが、厳密には「クヨクヨしてないで気持ちを切り替えろ！」という意味です。

このように、吹き替えや字幕にはいろいろな制約があるため、表しきれないニュアンスがたくさんあります。英語を英語のまま理解できるようになると、キャラクターたちの心情がより深く読み取れるなど、面白い発見がありますよ。

▶51:45 ごろ

ウッディは窓からボー・ピープたちに呼びかけ、
シドの家から脱出しようと試みます。

ボー

What are you doin' over there?
そこで何してるの？

ウッディ

エッツァ　ラング　ストーウィー
It's a long story, Bo.
ボー、**話すと長くなる**。

I'll explain later.
後で説明するよ。

語注　**doin'** : ＝doing

「話すと長くなる」と言うときのフレーズ

　It's a long story.（話すと長くなる）は、これから長い話をするときや、反対に「長い話なので今は話せない」と言いたいときに使えるフレーズ。何かを聞かれたとき、「話すとめっちゃ長くなるんだけど……」と前置きしてから話し始めることは、日本語でもありますよね。英語でも同様に、It's a long story, but...と言ってから、説明を始めることがあります。また、「話すと長くなるから、また今度（時間のあるときに）話すよ」と言う場合にも、It's a long story.が使えます。

　このシーンでは、「なぜシドの家なんかにいるの？」とボーに尋ねられたウッディがIt's a long story.と言った後、I'll explain later.（後で説明するよ）と続けています。つまり、このIt's a long story.は、「長くなるから後で話すよ」という使われ方ですね。

▶ 52：25 ごろ

バズを殺したと疑われているウッディは、バズの
姿をみんなに見せて誤解を解こうとしますが……。

ウッディ

Just a sec!

ちょっと待ってくれ！

Buzz, will you get up here and

グミー　エア　ヘェアーンッ(ドゥ)

give me a hand？

バズ、こっちへ来て

ちょっと手伝って くれないか？

［バズが手を取り外してウッディに投げる］

Ha-ha-ha-ha.

That's very funny, Buzz.

ハハハハ。面白いじゃないか、バズ。

語注 **sec**： ＝second

「手を借りたい」ときのGive me a hand.

　日本語でも「手を貸して」と頼むことがあるように、Give me a hand. は、ちょっと手伝ってほしいときに使えるフレーズです。丁寧に依頼したいときは、Can you give me a hand?（手伝ってもらえるかな？）と言ってもOK。発音は、give meがひと続きに言われてgimme（ゲミー）のようになることが多いです。

　このシーンでは、give me a hand（手を貸して＝手伝って）と言うウッディに、バズが「自分の手」を投げます。give me a handと言われて本当に「手」を投げるというジョークですね。このシーンの映像と共に覚えれば、きっと頭に残りやすいはずです。

　応用として、Do you need a hand?（手伝おうか？）や、I'll give you a hand.（手伝うよ）も一緒に覚えておくとよいでしょう。自分から助けの手を差し伸べたいときに便利ですよ。

おわりに

いかがですか？
この本で学んだフレーズが強烈に頭に残っていませんか？
「暗記のコツ」の効果を実感していただけたのではないでしょうか。
これからも、本書で紹介したいろいろな「暗記のコツ」を意識して
たくさんの表現を覚えてくださいね。
そして、本書で学んだ122個のフレーズを早速、
会話で使ってみてください！
自分の語彙にしてきてください！
本書を通じて、英語表現がどのように頭に残り、
どのように会話で使いこなせるようになるのかを
ディズニーの映画と共にお伝えできていればうれしいです。
皆さんの英語学習を心から応援しています！

英語のそーた

編集
いしもとあやこ

編集協力
挙市玲子、小林美姫、鈴木香織、濵田啓太
小松アテナ（A to Z English）

英文校正
A to Z English (Shelley Hastings, Trish Takeda)

デザイン
山口秀昭（Studio Flavor）